Célestin IKAKALA BONYANGA

Accompagnement des couples après le mariage

Célestin IKAKALA BONYANGA

Accompagnement des couples après le mariage

Une approche pastorale et théologique d'évangile de la famille

Éditions Croix du Salut

Cover image: www.ingimage.com

Publisher:
Éditions Croix du Salut
is a trademark of
Dodo Books Indian Ocean Ltd., member of the OmniScriptum S.R.L Publishing group
str. A.Russo 15, of. 61, Chisinau-2068, Republic of Moldova Europe
Printed at: see last page
ISBN: 978-620-3-84260-9

LES ABREVIATIONS

BA : Groupe de Braine l'Alleud

BCL : Berger de la communauté locale

BCLA : Berger de la communauté locale adjoint

BCP : Berger coordonnateur de Pool

BCCE : Berger coordonnateur des communautés extérieures

CFC : Communauté famille chrétienne

UP : Unité pastorale

UPD : Unité pastorale Père Damien

INTRODUCTION GENERALE

Dans le monde contemporain, où la question de l'autonomie, de la liberté et du mariage pour tous est posée avec acuité, la pastorale des couples reste une grande préoccupation et un travail délicat pour un pasteur. Sans oublier que la pertinence de la question nous renvoie à la source de toute vie humaine qu'est la famille. La famille est la base de toutes les structures sociales. Le bien de la famille est important pour l'avenir de la société.

Le problème du mariage ou de la famille reste un fait d'actualité et une préoccupation pastorale. Ces problèmes sont si lourds de conséquences que l'Église y attache beaucoup d'importance. Car, « le mariage est un engagement particulièrement beau, et particulièrement exigeant »[1]. La pastorale familiale est importante parce qu'elle peut apporter réponse aux attentes les plus profondes de l'homme.

Notre travail est motivé par trois constats. Le premier constat, selon notre expérience pastorale, la pastorale la plus compliquée et qui pose le plus de problèmes, c'est la pastorale des couples.

Dans le deuxième constat, nous avons remarqué que dans nos différentes paroisses, il y a un grand nombre de couples qui s'engagent dans le sacrement de mariage, mais le nombre des divorces augmente d'année en année.

Le troisième constat porte sur la rupturedu lien en communauté après le sacrement : tout finit après la célébration. Après leur mariage à l'église, les couples disparaissent, on ne les revoit presque plus.

C'est pourquoi, nous trouvons urgent que nos efforts se focalisent sur ces grands défis. N'y a-t-il pas un écart entre la doctrine de l'Église sur le mariage et les nouvelles questions des chrétiens aujourd'hui ? Comment rendre possible la

[1] Lettre pastorale des évêques de Belgique, sur Amoris Laetitia, n°42, 2017, p. 5.

pastorale de couple aujourd'hui ? Ne faut-il pas faire quelque chose pour les couples après le mariage ? Si c'est oui, quoi etcomment ?

L'intérêt de notre travail est, de montrer que, la pastorale familiale dans le monde actuel, demande que les acteurs prennent en compte certains enjeux et s'adaptentaux questions de la société post moderne.

Notre travail sera divisé en quatre chapitres. Le premier sera centré sur l'écoute de l'expérience d'accompagnement après le mariage. Dans ce chapitre, nous présenterons les trois groupes que nous avons retenus pour l'enquête à travers un questionnaire.

Dans le deuxième chapitre, nous aborderons le regard théologique de la famille. Le troisième chapitre abordera l'approche de la vie de couple du point de vue humain. Et le quatrième chapitre proposera une approche pastorale avec quelques pistes d'accompagnement des couples après le mariage.

CHAPITRE 1. A L'ECOUTE D'EXPERIENCES D'ACCOMPAGNEMENT PASTORAL APRES LE MARIAGE.

Dans ce premier chapitre, nous allons d'abord présenter les trois groupes retenus. Ensuite, nous suivrons les résultats d'enquête effectuée à travers un questionnaire proposé aux couples de ces trois groupes. Le chapitre sera conclu sous forme d'un bilan tiré de toutes les données reçues.

1.1. COMMUNAUTE FAMILLE CHRETIENNE (CFC)

La communauté famille chrétienne est un ministère né de l'initiative de laïcs. Elle a été motivée par les vœux émis par le concile Vatican II : vœux contenus dans certains textes importants du magistère. Notamment, le Décret sur l'apostolat des laïcs (*ApostolicamActuositatem*) du 18 novembre 1965, énonceen son point 19 le droit général de tous les laïcs à fonder et à diriger des associations, et à s'inscrire à celles qui existent déjà, en maintenant des rapports voulus avec l'autorité ecclésiastique[2].

Sur le plan canonique, la communauté famille chrétienne est une association privée de fidèles en République Démocratique du Congo et reconnue comme œuvre de l'Église en 1984. CFC est une communauté à charisme propre.[3]

Le couple fondateur (BOTOLO) vient d'être nommé par sa sainteté le pape François comme, couple consulteur au Dicastère pour les laïcs, la famille et la vie.

---

[2] Cf. COMMUNAUTE FAMILLE CHRETIENNE, *Textes de gouvernement, d'orientation, d'information et de pastorale pour la communauté famille chrétienne*. Volume, Kinshasa, 2012, p.151.

[3]Cf. COMMUNAUTE FAMILLE CHRETIENNE, p. 152.

Structure :

Les structures de la CFC sont « d'une part, les Noyaux d'affermissement, les Communautés Locales et les Pools ; et d'autre part, les différentes commissions permanentes et les différents services. Les Noyaux et les Communautés Locales doivent comprendre en leur sein des représentations de ces commissions et services »[4].

-Normalement, le Noyau d'affermissement est l'ensemble d'au moins 15 couples qui sont regroupés par proximité géographique. Il est encadré par un couple berger appelé « Berger de Noyau »[5].

-La communauté locale « c'est le regroupement de deux ou plusieurs Noyaux d'affermissement voisins. Elle est encadrée par un couple berger appelé « Berger de la communauté Locale », en sigle « B.C. », et assisté d'un couple Berger de la Communauté Locale Adjoint, appelé et siglé « B.C.L.A »[6].

- « Le Pool est un regroupement de deux ou plusieurs communautés locales voisines. Il est modéré par le Berger Coordonnateur de Pool, BCP en sigle »[7].

Toutes ces structures sont dirigées au niveau central par un couple berger responsable appelé « Berger Coordonnateur des communautés extérieures », en sigle « B.C.C.E »[8].

En Belgique la CFC a démarré le Vendredi 14/02/1999 à Bruxelles : elle a un Pool, avec 3 communautés locales : Mons, Flandre (Alost) et Bruxelles. La communauté locale de Bruxelles a 4 Noyaux[9].

---

[4]COMMUNAUTE FAMILLE CHRETIENNE, p. 9.
[5] Cf. COMMUNAUTE FAMILLE CHRETIENNE, P. 9.
[6]COMMUNAUTE FAMILLE CHRETIENNE, P. 9.
[7]COMMUNAUTE FAMILLE CHRETIENNE, P. 9.
[8]COMMUNAUTE FAMILLE CHRETIENNE, P. 9.
[9] Et c'est dans la communauté Locale de Bruxelles que Célestin IKAKALA est accompagnateur des couples

Le fonctionnement et l'organisation des structures de la CFC sont fixés dans le règlement d'ordre intérieur.

1.1.1. Mission et objectifs de la CFC

La mission de CFC est l'encadrement spirituel, moral et humain des couples et de leurs familles pour leur sanctification et leur promotion humaine et intégrale[10].

La communauté Famille Chrétienne peut être vue de deux manières : « comme ministère d'une part, et comme organisation d'autre part : celaen référence à notre Église, vue comme corps du Christ (aspect mystique) et comme société organisée (Canon 204, §§ 1et 2).

La Communauté Famille Chrétienne a pour objectifs de :

- Recevoir des couples mariés sacramentalement, ou tout au moins unis coutumièrement ou civilement, ainsi que des fiancés officiels de tous âgesqui veulent accepter d'expérimenter la présence de Jésus-Christ dans leurs foyers ;

- Former ces couples et les encourager à la prière ;

- Promouvoir l'amour, la joie et la paix du Christ avec des exercices d'évangélisation, et la foi en la puissance spirituelle de la prière communautaire ;

- Garantir la promotion humaine et intégrale des couples et des familles, par la formation et la sauvegarde des valeurs familiales chrétiennes et parentales, à travers des sessions, des conventions, des émissions ;

- Assurer la défense des intérêts des couples et des familles.

Le charisme particulier de la CFC est la sanctification des couples.

---

[10] Cf. COMMUNAUTE FAMILLE CHRETIENNE, p. 6.

1.1.2. L'esprit famille chrétienne

En effet, dans l'enseignement officiel sur l'esprit Famille Chrétienne, deux aspects sont mis en exergue : la part de l'homme et la part de Dieu :

- Par rapport à la part de l'homme, la CFC n'est pas une affaire d'argent. C'est une affaire de foi : foi en la capacité de Jésus dechanger toute situation de vie de nos couples et familles[11].

- La part de Dieu : Dieu donne à l'homme son Esprit pour que nos familles soient le reflet, le miroir de sa famille, l'image de la Sainte Trinité, mystère insondable du cœur de Dieu qui est amour sans fin (Jean 14, 16-17). Cet Esprit est le guide, l'aide, le conseiller, l'avocat, le secours, le gardien et la consolation. C'est Lui qui montre au monde que Dieu est présent au sein de la CFC. La CFC est une chance pour notre Église[12].

L'esprit de la CFC est tiré de la lettre aux Colossiens 3, 11-14. Il est ditque, « dans la CFC, il n'y a plus ni riche, ni pauvre, ni vieux, ni jeune, ni belge, ni congolais, ni rwandais, ni étranger »[13].

La CFC a son identité propre qui se vit dans le ministère d'accompagnement des couples et des familles. L'esprit CFC est l'ensemble de valeurs partagées par les membresla CFC.

1.1.3. Programme annuel de la CFC

Chaque année, la direction centrale choisit un thème, qui sera développé toute l'année, et chacune des communautés locales fait un calendrier annuel dans le respectde ce thème. Le thème pour cette année 2020 est : *« Famille chrétienne, sois messagère de la communion fraternelle » (*Jean 13, 35 et 2 Cor 4, 5)

---

[11] Cf. COMMUNAUTE FAMILLE CHRETIENNE, P. 175.
[12]Cf. COMMUNAUTE FAMILLE CHRETIENNE, P. 175.
[13]COMMUNAUTE FAMILLE CHRETIENNE, P. 176.

Programme ordinaire

Lundi	À 18h	Prière d'intercession
Mercredi	À 19h	Rencontre de tous le membresuivie d'une exhortation au choix
Chaque 1er Mercredi du mois	À 19h	Messe

Programme pour l'année 2020

	Sous-thème	**Référence biblique**
1èmequadrimestre	« Famille Chrétienne, sois messagère du Christ »	Jn 13, 35
2éme Quadrimestre	« Famille Chrétienne, recherche la paix avec tous »	Rm 12, 18 et Col 3, 15
3éme Quadrimestre	« La joie de vivre la communion fraternelle »	Act 2, 42-47

1.2. UNITE PASTORALE PERE DAMIEN (UPD)

1.2.1. Présentation de l'unité pastorale Père Damien

Selon le cardinal De Kesel, « *Une unité pastorale est constituée de paroisses qui s'associent pour être au mieux au service de tous* »[14].

L'UPD est formée des paroisses Sainte Agathe, Sainte Anne, Basilique du Sacré Cœur et Saint Martin. Elles s'étendent sur les communes de Berchem Sainte Agathe, Ganshoren, Jetteet Koekelberg. Les communautés religieuses, les

[14] Mgr.De Kesel, *Lettre pastorale, Pentecôte,* 2005.

frères de Saint Jean (église de la Madeleine à Jette) et les Pères Assomptionnistes, communauté Maranatha, sont une présence dans notre unité pastorale sans être des églises.

Cette unité entre les paroisses fait que certains services et activités sont vécus ensemble alors que d'autres sont organisés localement. Parmi les activités communes, nous comptons entre autres, celles de la préparation et de l'accompagnement des couples.

Au cours de ce travail, l'accent sera mis sur l'accompagnement des jeunes couples dont le mariage religieux est célébré dans l'UPD.

1.2.2. Mission et objectifs de l'accompagnement des jeunes couplesenl'unité Pastorale Père Damien.

Plus ou moins 30 mariages sont célébrés par an dans l'UPD. Mais après ces belles célébrations, presque tous les couples disparaissent. Le constat est que ces jeunes mariés sont souvent abandonnés à eux-mêmes, simplement parce qu'ils ne fréquentent plus la paroisse. Alors qu'on devrait saisir cette opportunité pour les aider à approfondir cet engagement religieux dans l'amour et la vérité. Sachant que lorsque l'amour est fondé sur la vérité, il peut durer dans le temps, dépasser l'instant éphémère et résister solidement à un cheminement commun.

S'adressant aux juges et avocats du tribunal de Rote Romaine au sujet du mariage, le saint père a souligné le caractère fondamental de la préparation et de l'accompagnement des couples. Il souhaite une nouvelle impulsion de la pastorale de la famille organisée pour accompagner les couples avant et après la célébration de leur union devant Dieu[15].

[15]https://www.la croix. Com, Pape, 21/01/2017, consulté en ligne le 17/05/2020.

Dans ce sens, la préparationau mariage des couples dans l'UPD est organisée et elle se passe chez les frères de Saint Jean à la Madeleine (Jette) durant une année pastorale avec huit rencontres.

Tandis que l'accompagnement des couples, en général, se fait à travers quelques activités qui ont lieu chaque année telle que la bénédiction des familles, la bénédiction des couples etla présentation des futurs mariés.

La bénédiction des couples se faitdurant la messe du dimanche qui suit la saint Valentin. Tous les couples de l'UPD sont bénis à la Basilique. Il arrive qu'un repas « auberge espagnole » soit organisé pour eux. Àtravers cette bénédiction, l'UPD offre aux couples des « motivations pour le pari courageux d'un amour fort, solide, durable, capable de tout affronter sur son chemin »[16]. L'UPD se rapproche ainsi des familles.

La bénédiction des familles a lieu chaque année pendant la fête de l'UPD (Fête du Sacré Cœur) qui tombe le troisième ou quatrième dimanche du mois de juin.

La présentation et la bénédiction des futurs mariés à l'assemblée communautaire interviennent le dimanche de la « Sainte-Famille ».

Étant donné le nombre réduit de rencontres des familles, une pastorale explicite d'accompagnement des jeunes couples était donc à envisager eu égard au constat présenté plus haut.

C'est ce qui a poussé les membres de l'équipe pastorale de l'UPD d'initier une pastorale post-sacrement de mariage qui aiderait à soutenir les jeunes mariés dans leur cheminement commun et à renouer le lien entre eux et la paroisse.

Selon l'exhortation apostolique Amoris Laetitia, l'Église ne devraiten aucun cas « renoncer à proposer l'idéal complet du mariage, le projet de Dieu

---

[16]GUIDE PASTORALE DE L'UNITE PASTORALE PERE DAMIEN.

dans toute sa grandeur »[17], mais aussi sansocculter la fin unitive du mariage qui est l'appel à l'amour et l'idéal de soutien mutuel par le devoir de la procréation[18]. Bref, le mariage est présenté comme un parcours dynamique de développement et d'épanouissement qui laisse la place à la conscience des fidèles… qui peuvent exercer leur propre discernement »[19]. Dans ce sens, la mission de l'Église aujourd'hui, est de faire un « effort pastoral pour consolider les mariages et pour prévenir ainsi les ruptures »[20] dans un parcours dynamique et progressif. Le groupe s'est donc assigné la modeste mission d'accompagner des jeunes couples pour les aider à consolider leur union conjugale etde tenterà réduire ainsi le risque de rupture face à l'engagement pris.

A partir du constat fait dans notre UPD et de sa mission, il s'est dégagé deux objectifs principaux de ce projet d'accompagnement post-sacrement de mariage. Il s'agit :

- d'approfondir un amour qui durera dans le temps et résistera aux tempêtes ;

- de renouer et de maintenir une relation constante des jeunes mariés avec la paroisse.

Pour répondre à ces deux défis, l'UPD a initié le projet en septembre 2017 à travers le contact avec tous les couples mariés durant l'année 2017-2018. La première rencontre n'a eu lieu qu'en décembre 2017 avec cinq couples qui ont répondu positivement à l'invitation. Le projet fonctionne avec plus ou moins sept couples.

Le Groupe « EliZa » est un cadre d'échange et de réflexion sur la vie conjugale des couples mariés religieusement. Par la suite, les couples ont

---

[17]FRANÇOIS, *La joie de l'amour. Exhortation apostolique post-synodale sur l'amour dans la famille*, Namur, Jésuites, 2006, n. 307.
[18]FRANÇOIS, *La joie de l'amour*, n° 36.
[19]FRANÇOIS, *La joie de l'amour*, n° 37.
[20]FRANÇOIS, *La joie de l'amour*, n° 37.

convenu d'observer un certain nombre de règles afin d'assurer le bon déroulement des séances et la réussite des objectifs fixés. Ces règles orientent les couples avant ou lors des rencontres. Il s'agit des règles suivantes : être discret, faire confiance, jouer le jeu de la préparation, jouer le jeu de la participation, être vrai, se sentir libre, être à l'écoute avec respect et sans jugement et accepter d'intégrer l'éclairage de la foi chrétienne dans les analyses et échanges.

1.2.3. Programme annuel des rencontres

Initialement, les couples avaient proposé trois premiers thèmes. Ensuite, l'équipe accompagnatriceen accord avec le curé et les couples a décidé de suivre le programme de Tandem des équipes Notre Dame. Nous achetons les syllabus pour le compte de l'UPD (tout se passe à la Basilique). L'équipe accompagnatrice est composée d'un couple animateur (45 ans de mariage) et d'une religieuse[21].

Les accompagnateurs en accord avec les jeunes couples, organisent une rencontre tous les deux mois qui se tient au troisième ou dernier vendredi du mois de 20h-22h. Durant ces deux années, à partir de décembre 2017 jusqu'en janvier 2020, l'équipe a organisé treize rencontres dont quatre en 2017-2018, six en 2018-2019 et trois en 2019-2020. Les rencontres se sont arrêtées suite au confinement. Les thèmes ci-après ont été abordés :

[21]Cette religieuse est Sœur Charlotte SUMBAMANU, animatrice pastorale dans l'UPD.

AGENDA ANNUEL

ANNEES	THEMES TRAITES
2017-2018 (4 rencontres)	Les objectifs du groupe animation post sacrement de mariage
	Le couple et le projet de vie,
	Le couple et vie professionnelle
	L'écoute
2018-2019 (6 rencontres)	
	Du coup de main à l'échange
	« ON TU JE NOUS »
	Donner et recevoir un plaisir
	Qui fait quoi ?
	Les loisirs
	Choix du nom « EliZa » pour le groupe
2019-2020 (3 rencontres)	
	Le temps de vivre
	Être couple et parents
	La religion et moi

1.3. GROUPE DE BRAINE L'ALLEUD (BA)

1.3.1. Présentation du groupe de Braine l'Alleud

Le groupe BA s'est constitué seul depuis 7 ans sans un accompagnement spécifique de l'Église ni d'un prêtre et compte 4 couples. L'initiative est née sur base de témoignage du groupe « Eau-Vive » rencontré lors d'une soirée de la Saint Valentin organisée par la paroisse. Ce dernier avait présenté son fonctionnement, ses habitudes, ses règles, ses idées de thèmes débattus. Le couple était de nouveau touché par les week-ends « Off » organisés par le prêtre qui avait marié quelques couples qui ont créé ce groupe.

1.3.2. Mission et objectifs du groupe

D'après les données reçues d'un couple, le groupe n'a pas une mission propre ni un objectif défini. Les couples à travers ces rencontres, cherchent à satisfaire les besoins suscités lors des deux soirées organisées par la paroisse et le prêtre qui les avait mariés. Il se rapproche plus du groupe « EAU-VIVE » dans son fonctionnement et organisation.

1.3.3. Programme du groupe

Le groupe organise ses rencontres toutes les 6 semaines mais avec une certaine flexibilité selon la vie de chaque couple. Depuis plus ou moins 4 ans, les 4 couples prennent chaque année une journée avec leurs enfants et partent ensemble avec eux en week-end.

13 Thèmes débattus durant 7ans

La relation entre frères et sœurs	Les 5 langages de l'amour
Le travail	La communauté
Les vacances	L'alimentation
Réinventer son couple (le secret d'un couple qui dure),	L'autonomie
Les cadeaux	L'année écoulée et l'année à venir (bilan et bonnes résolutions)
Ma place de citoyen-parent-acteur	« Le lâcher-prise »
L'éveil à la foi de nos enfants (thème porteur d'une création de l'« Arche» des enfants durant la messe dans leur paroisse.	

Après la présentation des groupes, le point suivant exposera les expériences vécues dans les couples lors des rencontres dans les UP de Bruxelles-Centre, Père Damien, et legroupe de couples de Braine l'Alleud.

1.4. ENQUETE AVEC LES COUPLES DES TROIS DIFFERENTS GROUPES.

Pour procéder à cette enquête, un questionnaire composé de cinq questions était envoyé aux 14 couples dont 6 de la CFC, 4 du groupe « EliZa » de l'UPD et 4 du groupe BA. De ces couples, 12 ont répondu aux questions dont 4 de la CFC, 4 de l'UPD et 4 BA. Pour présenter des réactions reçues, nous donnerons les réponses aux 5 questions de chaque groupe, puis nous dégagerons les points convergents des tous les groupes et ceux spécifiques à chaque groupe et enfin un bilan de tous ces points observés conclura le chapitre.

1.4.1. Synthèsedes enquêtes avec les couples

Ce texte est la synthèse de nos enquêtes. Le questionnaire et les réponses d'enquête avec les couples sont en annexe.

-1. *Comment vivez-vous ce moment d'accompagnement ?*

- CFC : pour les 4 couples de la CFC, les moments d'accompagnement ont été un temps de partage et de convivialité. Dans les partages des expériences, la situation de l'autre peut nous servir de repère. C'est un moment fort pour « l'encadrement spirituel, moral, et humain des couples et de nos familles, pour notre sanctification ». « Nous avons vécu ce temps comme un temps d'apprentissage, et de découverte de notre foi en Jésus. Ce temps, nous a aidés à trouver un meilleur équilibre dans nos familles »[22].

- UPD : en général pour les 4 couples de l'UPD, ce moment d'accompagnement et de rencontre est une bonne expérience pour la famille,

[22] Un Couple de la CFC.

une boussole pour la vie en couple et en famille. C'est un moment de partage en groupe très enrichissant. Temps d'apprentissage mutuel où les expériences des autres couples servent de repères. C'est un moment d'échanges avec les autres couples autour des grandes questions sur la vie de couple et de la famille. Pour eux, entendre les points de vue des autres permet l'évolution dans le couple et dans la foi.

Un couple a fait allusion aux séances de la préparation au mariage en soulignant que l'accompagnement est une suite logique qui touche aux questions concrètes du couple et de la famille.

- BA : pour les quatre couples du groupe, la rencontre des couples est un moment d'accompagnement mutuel, entre couples par des échanges et discussions sur des thèmes choisis à tour de rôle touchant la vie au quotidien. C'est un temps riche d'apprentissage des uns des autres, d'échange et de convivialité.

Comme le précédent groupe, cette rencontre est un moment où les expériences des autres couples aident à grandir.

-2. *De tous les thèmes abordés, lesquels vous ont le plus touchés et aidés individuellement et dans votre couple ?*

- CFC : sur quatre couples de la CFC, il y en a deux qui ont répondu à cette question. Selon le premier couple « les thèmes abordés sont toujours en relation avec la défense des valeurs de la famille. Pour ce couple, le thème qui les a le plus touchés : « *Frère et sœur connais-tu ton conjoint ?* ». Après échange, ils nous disent, « nous avons fait un effort pour connaitre l'autre, voir les côtés positifs et minimiser les négatifs. Et l'autre couple a été touché par les thèmes : « Famille chrétienne tiens bon et reste ferme » (1Co 15, 58), « famille Chrétienne, Famille missionnaire » (Mt 28, 19) et « Famille, étends le règne de Dieu » (Mt 6, 10).

- **UPD :** pour les couples de l'UPD, le groupe « EliZa » permet d'aborder les thèmes concrets qui touchent à la vie conjugale.

Les 4 couples de l'UPD ont retenu les thèmes ci-après : les objectifs du groupe, couple et projet de vie, couple et vie professionnelle (travail), le temps de vivre, l'écoute, du coup de main à l'échange, les loisirs, la religion et moi.

L'un des couples tout en citant les thèmes repris plus haut, a plus mis l'accent sur les « loisirs » et un autre sur les pronoms « ON TU JE NOUS ».

- **BA :** les couples du groupe, insistent sur l'articulation entre travail et la vie de couple. Les temps des loisirs, vacances, les comportements par rapport aux enfants, comment gérer les cadeaux, relation en tant que parentsavecnos enfants, relation en tant que couple avec nos frères et sœurs. Selon un couple, tous les thèmes énumérés, ont apporté quelque chose, mais celui qui l'a le plus marqué, c'est le thème sur « l'éveil à la foi de leurs enfants ». Grâce ce thème, les couples ont pu créer une célébration adaptée aux enfants au sein de leur paroisse.

-3. *Le groupe auquel vous participez vous a-t-il aidés à surmonter les difficultés que vous rencontrez ? Si oui, comment* ?

- **CFC :** Pour les quatre couples de la CFC, la CFC est une aide pour les couples, car, elle « donne l'espoir au couple et ses enseignements montrent bien que le mariage est le lieu du bonheur pour les époux. Les enseignements nous aident à combattre les faux pas, les pièges et les obstacles qui guettent les mariés ». C'est pourquoi, nous avons constaté, un grand changement dans nos familles. Le partage et lestémoignages de certains membres nous ont beaucoup aidés pour trouver des solutions à certains problèmes dans nos familles. Les formations organisées nous ont aussi beaucoup aidés.

- **UPD** : presque tous les couples de l'UPD apprécient le temps d'échanges et de discussions. Selon eux, ce temps aide à relativiser et à surmonter certaines difficultés rencontrées ou que le couple pourrait rencontrer dans le mariage. Les témoignages et les expériences des autres couples font évoluer leurs positions sur certains aspects du mariage.

La présence d'un couple plus âgé est un plus pour eux car ses expériences et ses témoignages clarifient plusieurs aspects du couple et de la famille. Pour un couple, l'inclusion permanente de Dieu dans les discussions l'aide à mettre Dieu au centre du couple et à découvrir qu'avec Lui, on peut surmonter les difficultés. Il a également souligné que c'est un moment de ressourcement spirituel pour les deux conjoints qui ne fréquentent pas beaucoup la communauté paroissiale

- **BA :** les couples apprécient le groupe, car il l'aide et le nourrit au quotidien. Il est un espace d'échanges en toute liberté, simplicité, sans jugement. Il aide à relativiser sur certains aspects plus difficiles et /ou à envisager les choses différemment.

Entendre levécudes autres permet aussi de relativiser, de réfléchir sur sa manière d'agir. Parfois cela permet d'échanger après le groupe de partage avec l'un ou l'autre.

-4. *Qu'est-ce qui vous touche le plus dans le groupe ?*

- **CFC :** Trois couples sur quatre insistent sur l'unité, la solidarité, la communion et l'esprit de famille qui existe dans le groupe. On trouve dans le groupe l'épanouissement et l'entraide.

Pour un autre couple, « c'est l'esprit de famille qui règne. Chaque famille est un appui pour l'autre. Nous sommes frères et sœurs peu importe nos origines, tu es bien accueilli et tu te sens chez toi. Durant les épreuves quecesoit un évènement malheureux ou joyeux, nous vivons la solidarité et le soutien de l'autre ». La bonne ambiance, l'écoute de chacun en fonction des situations de la vie.

- **UPD :** Deux couples reconnaissent que le groupe « EliZa » de l'UPD leur offre une bonne ambiance pour le partage où il y a la convivialité, la bienveillance. Il est un lieu sécurisant et confortable pour aborder des aspects de la vie privée du couple sans être jugé. Ce lieu favorise la spiritualité en permanence et propose la présence et la force de Dieu. Il est aussi un moment de ressourcement spirituel pour un couple qui ne fréquente pas souvent l'Église.

- **BA :** l'un des couples, considère le groupe comme lieu de simplicité, d'écoute et de non-jugement. Il est un lieu de partage, de rencontre et de joie de se retrouver ensemble. C'est un moment pour eux d'arrêt et d'échange. Ce temps est un espace qui leur offre une possibilité d'ouverture à leurs familles et leurs enfants.

L'un des couples apprécie beaucoup le week-end qu'ils prennent avec un prêtre dans une abbaye. Ils vivent une expérience très riche avec les couples de différents âges. Ils organisent des petits groupes de partage sur un thème particulier avec un programme assez léger. Selon le couple, cette mixité est très enrichissante et c'est l'unique moment où ils se sentent accompagnés d'une manière explicite par l'Église comme couple.

Ce moment leur permet de souffler, de se reposer et de se reconnecter. C'est le temps en couple, de recueillement et de prière[23].

- 5. *Avez-vous des suggestions ou des attentes pour améliorer ces rencontres ?*

- **CFC** : un couple de la CFC propose que « certains thèmes soient approfondis au niveau des Noyaux. Parfois il y a très peu de temps et nous survolons les sujets. Le fait de laisser le nouveau membre à l'observation, peut décourager certains. Et parfois au niveau du programme, il y a beaucoup de sous thèmes et on les parcourt rapidement faute de temps. Un autre couple suggère

---

[23] Réponse à la 6ème question en fin questionnaire.

l'expansion de la communauté, qu'elle ne se limite pas seulement aux congolais de la RDC.

- **UPD** : Groupe « EliZa » demande de recadrer lorsque la parole de tous n'est pas respectée, de changer le lieu des rencontres, de faire de temps en temps une rencontre autour d'une boisson et d'un petit gâteau, de pouvoir parfois aborder un sujet qui n'est pas dans le syllabus mais qui touche plus particulièrement l'un ou l'autre couple.

- **BA :** le groupe BA suggère de faire connaître ce groupe de partage aux jeunes couples, d'organiser des soirées à thèmes pour les couples mariés (soit par la paroisse, soit par le prêtre qui a marié les couples), de faire connaître les week-ends des couples organisés dans certains monastères. Il considère qu'avec le week-end « Off », on se sent accompagné de manière spécifique par le prêtre dans une abbaye.

L'une des questions qu'un couple se pose régulièrement c'est la gestion du temps d'un partage et celui de la prévision du temps d'évaluation du groupe dans sa forme et son fond.

1.4.2. Points convergents

Les réponses recueillies des trois groupes expriment presque les mêmes besoins et désirs des couples. Voici ces 5 besoins et ces 2 désirs non exhaustifs qui ressortent de ces données.

5 besoins :

- Besoin d'un cadre de sécurité, de confort et de non-jugement qui assure une expression libre de la vie privée conjugale.

- Besoin social, qui permet l'échange et le partage des expériences heureuses ou malheureuses de la vie conjugale, et de nouer des relations avec les autres couples vivant les mêmes réalités.

- Besoin intellectuel, exprimé par les réflexions et discussions des thèmes débattus touchant à la réalité de la vie conjugale.

- Besoin émotionnel, manifesté par le bonheur et la joie ressentis de se retrouver ensemble.

- Besoin spirituel, pour lequel le groupe est considéré comme un lieu de recueillement, de prière, de ressourcement spirituel même pour les couples qui ne fréquentent pas beaucoup l'église.

En général ces couples sentent le besoin de se retrouver dans un groupe et d'être accompagnés d'une façon régulière ou partielle par un prêtre ou l'Église.

2 désirs

- Le désir de vivre en couple heureux.

- Le désir de l'indissolubilité du mariage. Ils l'ont exprimé à travers les thèmes qui les ont le plus touchés et les réflexions et discussions qui en découlent. Exemple : réinventer son couple, être couple et parents, famille chrétienne, recherche de la paix …

1.4.3. Les éléments spécifiques à chaque groupe

Nous avons relevé trois spécificités de ces groupes, au niveau structurel, organisationnel et thématique.

Les structures et l'organisation de chacun des trois groupes sont différentes.

- Communauté famille chrétienne est une structure non paroissiale, mais qui a des prêtres aumôniers. Les thèmes et activités annuels sont élaborés par la structure CFC. Ici, la structure est dominante car c'est elle qui fixe les thèmes et les activités annuels tout en laissant la liberté à chaque groupe de les adapter à la réalité du groupe.

- Le groupe « EliZa » est né grâce à l'initiativede l'UPD. Il y a une équipe accompagnatrice constituée d'un couple âgé de 45 ans de mariage et d'une religieuse animatrice pastorale chargée de cette activité au nom de l'UPD. Les thèmes et activités sont inspirés du programme des équipes de Notre Dame sans aucunedirectivede celles-ci ni de l'UPD. Tout est déjà élaboré ce qui empêche le groupe d'être créatif même si les thèmes et le déroulement des rencontres rejoignent les vrais besoins des jeunes couples. C'est pourquoi, un couple a manifesté le besoin de sortir de temps en temps de ce syllabus.

- Le groupe de Brainel'Alleudest une structure non paroissiale. Le choix du thème est fait par le couple qui accueille et rejoint le réel besoin de tous. L'accompagnement est mutuel et le groupe favorise la flexibilité du programme. Néanmoins, ils trouvent très riche le moment passé à l'abbaye avec un accompagnement explicite d'un prêtre.

1.4.4. Bilan de nos échanges

Au regard de ces convergences et spécificités relevées, nous pouvons affirmer que la diversité structurelle, organisationnelle et thématique est une grande richesse pour ce travail. Les trois approches révèlent un besoin croissant et en même temps ; un vide pastoral. De ces trois groupes, on pourrait tirer des éléments majeurs pour un nouveau chemin pastoral familial pour répondre aux défis locaux de la vie conjugale dans nos différents diocèses.

Ce bilan nous invite à une conversion missionnaire car le besoin se fait sentir pour une pastorale proche des problèmes réels des gens.

CHAPITRE 2. REGARD THEOLOGIQUE

La vie des couples est en construction permanente. « Le mariage se présente comme un engagement particulièrement beau, mais en même temps, particulièrement exigeant »[24].

Nous partons du constat que la société moderne transverse une profonde crise de la famille. Aujourd'hui la plupart des couples sont confrontés à des difficultés, à une remise en question de plusieurs valeurs familiales. Et surtout, il y a une distanceou un vide entre l'Église et la famille. L'Église est restée loin des réalités de la société, « pour beaucoup de chrétiens, la doctrine de l'Église apparaît étrangère au monde et à leur vie »[25]. Nous nous sommes posés la question : comment faire pour rejoindre les familles dans leur vie concrète ?

Notre regard théologique abordera les « défis pastoraux de la famille dans le contexte de l'évangélisation »[26]. C'est pourquoi, nous voulons à partir de la Bible et de la réflexion théologique, chercher à articuler la tradition de l'Église et la vie concrète. Nous avons choisi de travailler avec Walter Kasper, André Wénin et le texte d'*Amoris Laetitia.* Walter Kasper a écrit dans le cadre de la préparation du synode extraordinaire des évêques en 2014, et du synode ordinaire des évêques en 2015. Il apporte à la discussion une forme nouvelle d'Évangile de la famille concernant « les défis pastoraux de la famille dans le contexte de l'Évangélisation ». André Wénin montre que la famille, ne se construira pas sur une pastorale désincarnée, mais elle nécessite une attention pastorale à la réalité. Nous pensons que les deux auteurs peuvent nous aider à une réflexion sur la pastorale familiale, ce à quoi nous invite *Amoris Laetitia.*

Ce chapitrecomprendratrois parties. La première partie, fera une approche historique de la famille dans l'ordre de la création. Dans la deuxième partie nous

---

[24]*Déclaration des évêques de Belgique sur Amoris Laetitia,* Nouvelle série, 2017, n° 42.
[25] W. KASPER, *L'Évangile de la famille*, Paris, Cerf, 2014, P. 11.
[26] W. KASPER, *L'Évangile de la famille*, P. 9.

parlerons de l'évangile de la famille. La troisième partie envisagera la famille comme Église domestique.

2.1. LA FAMILLE DANS L'ORDRE DE LA CREATION (Gn2, 18-25)

> **18** Et l'Éternel Dieu dit Il n'est pas bon que l'homme soit seul je lui ferai une aide semblable à lui. **19** Et l'Éternel Dieu forma de la terre tous les animaux des champs, et tous les oiseaux des cieux ; et il les fit venir vers Adam, pour voir comment il les nommerait, et que tout nom qu'Adam donnerait à chacun des êtres vivants, fût son nom. **20** Et Adam donna des noms à toutes les bêtes, et aux oiseaux des cieux, et à tous les animaux des champs ; mais, pour l'homme, il ne trouva point d'aide semblable à lui. **21** L'Éternel Dieu fit tomber un profond sommeil sur Adam, qui s'endormit ; et il prit une de ses côtes, et resserra la chair à sa place. **22** L'Éternel Dieu forma une femme de la côte qu'il avait prise d'Adam, et la fit venir vers Adam. **23** Adam dit : Celle-ci enfin est os de mes os, et chair de ma chair. Celle-ci sera nommée femme (en hébreu Isha), car elle a été prise de l'homme (en hébreu Ish). **24** C'est pourquoi, l'homme laissera son père et sa mère, et s'attachera à sa femme, et ils seront une seule chair. **25** Or Adam et sa femme étaient tous deux nus, et ils n'en avaient point honte.

Nous allons examiner ce texte, à la suite d'André Wénin, qui souligne qu'il s'agit du couple et non du mariage. Dieu créaAdam, nom générique qui veut dire l'homme. Il lui donne la tâche de veiller sur la création. Mais Dieu met une limite au désir de l'être humain. Il lui fixe une limite, et là va naître la relation. C'est dans la limite que naissent les relations.

Le verset 18 met la limite pour que la relation soit bonne. Dieu constate que quelque chose n'est pas bon : l'homme se trouve seul, il vit dans la solitude. Or, la solitude est mortelle. Dieu va venir à son secours. En hébreu on parle de secours, parce que l'être humain ne doit pas vivre sans relation. Pour échapper à la solitude il faut un vis-à-vis, un face à face, qui suppose une proximité. Ce peut être aussiunerelation d'affrontement, qui doit passer par la parole[27].

Cette relation est introduite par la préposition *« comme » :* cela indique une ressemblance. Les animaux ne sont pas des vis-à-vis. Pour créer la femme, au verset 21 il est dit : « le Seigneur Dieu fit tomber dans une torpeur l'homme qui s'endormit ». Ici l'homme est dans la perte de connaissance. Ni l'homme ni la femme n'auront accès à ce qui les fondent. L'autre nous échappe, comme dans un sommeil profond. Tandis qu'il était plongé dans la torpeur, « Il prit l'une de ses côtes êtreferma les chairs à sa place ». Et de cette côte, Yahvé façonna une femme. Il la fit venir vers l'homme : il s'agit de donque Dieu fait à l'un et à l'autre[28]. En réalité la vie des couples mérite d'être accueillie comme un don que Dieu fait à l'humanité.

Au verset 23, la réaction de l'homme devant la femme est décrite ; il dit : « Voici cette fois l'os de mes os et la chair de ma chair ». Nous avons le cri émerveillé de l'homme qui s'exprime pour la première fois devant la femme. Ici l'homme ne parle pas « à la femme », mais il parle « de la femme ». Il fait de la femme l'objet de son discours ; là où Dieu parle de la relation, l'homme croit avoir une connaissance de l'autre. Ici l'homme fait une double erreur : il considère la femme comme sa créature et il croit connaître la femme. Il dit ce qu'il voit mais il n'interprète pas ce qu'il voit[29].

---

[27] Cf. A. WENIN, *conférence pour la session CUPF* le 18 Janvier 2019.
[28]Cf. A. WENIN, *conférence pour la session CUPF le 18 Janvier 2019.*

[29]A. WENIN, *conférence pour la session CUPF le 18 Janvier 2019*

Le verset 24 parle de l'unité entre l'homme et la femme, « Aussi l'homme laisse-t-il son père et sa mère pour s'attacher à sa femme, et ils deviennent une seule chair ». Ce verset donne une ouverture sur le mariage. Désormais, un homme et une femme qui s'aiment peuvent rester ensemble pour fonder un foyer. Il s'agit d'une « rupture », une « sortie » du cercle familial pour une alliance, un attachement « unique » (une seule chair). Et en même temps, ce triptyque « sortie-alliance-unique » fait penser à l'expérience du « Peuple Élu », peuple choisi.

Le verset 25 ajoute : « Tous deux étaient nus, l'homme et sa femme, sans se faire mutuelle honte ». Nous pouvons interpréter que l'amour rend aveugle ; ils n'ont pas honte parce qu'ils ne voient pas leurs différences, mais la complémentarité. L'auteur de la genèse fait un constat et souligne « la nudité d'Adam et sa femme sans en avoir honte ». Ne serait-ce pas tout simplement la pureté de l'amour, sans honte, sans « convenance », sans perversité, oui, « l'Amour » pour lui-même.

Ce que nous venons de dire sur la famille « est une image idéalisée très éloignée de la réalité des familles »[30]. C'est pourquoi, les deux premiers chapitres de la genèse sont suivis du chapitre 3 (Gn3, 1) qui raconte l'expulsion de l'homme et de la femme du jardin[31]. L'homme a rompu l'harmonie avec Dieu : il a honte, il doit donner naissance dans la douleur, et il y a un changement de rapport de l'homme à la nature et au monde[32]. Vient ensuite le texte de (Gn 4,1-16), qui montre les difficultés de la famille avec l'histoire de Caïn et Abel, difficultés qu'on retrouve plus tard avec l'histoire d'Abraham et Sarah

L'enseignement de l'Égliseest assez réducteur par rapport à ce que la Bible dit du mariage et de la famille. L'Église exploite de préférence quelques

---

[30] W. KASPEr, *l'Évangile de la famille*, p. 29.
[31] W. KASPEr, *l'Évangile de la famille*, p. 29.
[32] Cf. W. KASPEr, *l'Évangile de la famille*, p. 30.

passages explicites comme : Gn 1 et 2, L'usage habituel de ces textes montre que l'Église s'intéresse au discours normatif d'un idéal qui s'appuie sur la Bible[33]. Et ne pas connaître d'autres textes « semble être une forme d'aveuglement moins pastorale que doctrinalesur les situations vécues par les familles »[34].

Aujourd'hui, le problème des familles se pose avec acuité, car beaucoup de familles sont confrontées à des difficultés d'ordre économique, politique et social.

Ce rappel historique du mariage a pour objectif de nous montrer que dès l'origine, la réalité des couples et de la famille n'a pas connu que les joies, mais aussi et surtout les difficultés. Parler de la famille aujourd'hui, doit faire référenceau « futur de l'humanité... Sans la famille, pas de futur, mais un vieillissement de la société est un danger auquel font déjà face les sociétés occidentales »[35]. Il est urgent d'envisager une nouvelle approche de la pastorale des couples. Cette approche est nommée « L'Évangile de la famille ».

Nous pouvons dire que le couple est un don que Dieu fait à l'un et l'autre et en même temps, lieu de joies et de souffrances.

2.2. L'ÉVANGILE DE LA FAMILLE

Dans le domaine de l'évangélisation, la famille « a toujours été considérée comme l'expression première et fondamentale de la nature sociale de l'homme »[36]. Et « l'Évangile de la famille remonte aux origines de l'humanité. Il est donné en viatique à l'humanité par le Créateur. C'est ainsi qu'on trouve

---

[33] Cf. A. WENIN, *L'enseignement de l'Église sur la famille et le mariage honore-t-il la richesse et la complexité de la parole de Dieu*, Paris, Bayard, p. 52.
[34] *Idem*, p. 54
[35] A. WENIN, *L'enseignement de l'Église sur la famille et le mariage honore-t-il la richesse et la complexité de la parole de Dieu*, P. 25.
[36] JEAN PAUL II, *Lettre aux familles, Présentation par Georges Hourdin*, Cerf, Paris, 1994, p. 15.

dans toutes les cultures de l'humanité une haute estime du mariage et de la famille »[37].

Dans la perspective pastorale familiale, l'Évangile de la famille est une nouvelle méthode d'évangélisation qui permet de rejoindre les familles avec ses joies et peines. C'est un évangile incarné dans la vie des couples, « comme nous le rappelle avec force le Pape François, la mission de la famille s'étend toujours au dehors, au service de nos frères et sœurs »[38]. C'est pourquoi, les Pères synodaux ont mis l'accent sur le fait que les familles chrétiennes, par la grâce du sacrement de mariage, sont les principaux acteurs de la pastorale familiale, surtout en tant quemodèles des couples et familles, dans l'Église domestique.[39]. Par l'Évangile de la famille, l'Église veut être proche des familles, avec pour objectif « d'accompagner toutes les familles et chacune d'elles afin qu'elles découvrent la meilleure voie pour surmonter les difficultés qu'elles rencontrent sur leur route »[40]. Dans cette orientation, la famille ne peut être sujet actif de la pastorale familiale que si nous envisageons une bonne évangélisation familiale. Et cette évangélisation demande une conversion missionnaire, il est nécessaire de ne pas s'en tenir à une annonce purement théorique et détachée des problèmes réels des gens. Cette conversion missionnaire que nous nommons pastorale des familles, « doit faire connaître par l'expérience que l'Évangile de la famille est une réponse aux attentes les plus profondes de la personne humaine, à savoir, sa dignité et sa pleine réalisation dans la réciprocité, dans la communion et dans la fécondité. Il ne s'agit pas seulement de présenter des normes, mais de proposer des valeurs

---

[37] W. KASPER, *l'Évangile de la famille, n° 200.*

[38]SYNODE DES EVEQUES, XIVème Assemblée générale ordinaire « *La vocation et la mission de la famille dans l'Église dans le monde contemporain* ». Rapport final du Synode des évêques au Pape François, Cité du Vatican 24 octobre 2015, N°56. WWW.Vatican-va Roma _curiasynod, document (consulté en ligne le 26Mai 2020)

[39] Cf. Pape FRANCOI, *Amoris Laetitia. Exhortation apostolique post-synodale sur l'amour dans la famille*, Fidélité, 2016, n° 200.

[40]*Relatio* 2015, n° 56, cité par le Pape François dans *Amoris Laetitia.*

répondant ainsi au besoin que l'on constate aujourd'hui, même dans les pays les plus sécularisés »[41].

Aujourd'hui, « nous ne pouvons pas imposer un modèle unique, celui que reflète l'Antiquité chrétienne et que le christianisme a soutenu en Occident, au risque de ne pas tenir compte à la diversité des cultures et de leur manière propre de gérer le rapport triangulaire personne-famille-société »[42]. En effet, « lorsque nous parlons de la famille et de la beauté de la famille, nous ne devons pas partir d'une image idéal romantique et irréaliste. Il nous faut aussi voir la dure réalité, partager les deuils, les soucis et les larmes de beaucoup de familles »[43].

C'est dans cette logique que nous pouvons considérer les Églises domestiques comme solution et réponse.

2.3. LA FAMILLE COMME ÉGLISE DOMESTIQUE[44]

La famille comme Église domestique est une nouveauté privilégiée de la nouvelle évangélisation. C'est une théologie incarnée dans le monde. Aujourd'hui nous vivons dans un monde de plus en plus exigeant, marqué par le pluralisme religieux et la mondialisation. Il est temps de changer notre discours sur Dieu, c'est-à-dire qu'il faut parler de « Dieu avec un visage tourné vers le monde, vers le monde de ce temps, comme le dit Jean Baptiste Metz[45].

C'est pourquoi, il est important de penser d'envisager l'Évangile de la famille dans l'Église domestique. C'est une façon de vivre dans le quotidien de la vie.

---

[41]SYNODE DES EVEQUES, III Assemblée générale extraordinaire, *« les défis pastoraux sur la famille dans le contexte de l'évangélisation »*, *Relatiosynodi, Cité Vatican 18 octobre* 2014, n°33. WWW.Vatican-va (consulté en ligne le 26 Mai 2020).

[42] A. WENIN, *L'enseignement de l'Église sur la famille et le mariage honore-t-il la richesse et la complexité de la parole de Die,* p. 55.

[43] W. KASPER, *L'Évangile de la famille*, p. 31.

[44] W. KASPER, *L'Évangile de la famille*, p. 45.

[45]Cf. J.B. METZ, Memoria passionis. *Un souvenir provocant dans une société pluraliste*, Paris, Cerf, 2009, p. 240.

La famille comme église domestique est une nouveauté qui voit l'Église en chemin, à la rencontre des hommes.

En réalité, « les familles ont besoin de l'Église et l'Église a besoin des familles pour être présente dans la vie des gens et dans les milieux de vie moderne. Sans les Églises domestiques, l'Église est étrangère à la réalité concrète de la vie. C'est par les familles seulement que l'Église peut être chez elle là où les hommes sont chez eux »[46].

En effet, l'homme en famille se trouve chez lui, et dans la famille l'Église fait face à la vérité concrète que vit l'homme. « C'est pourquoi les familles sont un test pour la pastorale et un foyer de grâce pour la nouvelle évangélisation. La famille est l'avenir. Pour l'Église, elle est le chemin vers l'avenir »[47].

C'est pourquoi « la compréhension de la famille comme Église domestique est fondamentale pour l'avenir de l'Église et pour la nouvelle évangélisation. Les familles sont les premières et les meilleures messagères de l'Évangélisation de la famille. Elles sont le chemin de l'Église »[48]

Conclusion

La famille est une réalité qui a commencé dès la création. En créant l'homme et la femme, Dieu donne sens à la vie en famille. Cette vie en couple està la fois un don que Dieu fait à l'un et l'autre, et en même temps un lieu de joies et de souffrances.

Nous avons souligné que la famille, ne se construira pas sur une pastorale désincarnée, mais elle nécessite une attention pastorale à la réalité. Or, un écart s'est créé entre l'Église et la famille. Pourresserrercet écart, nous avons proposé une conversion missionnaire où l'Église doit regarder en face la réalité concrète de l'homme.

---

[46] W. KASPER, *L'Évangile de la famille,* p. 52.
[47]W. KASPER, *L'Évangile de la famille*, P. 68.
[48] W. KASPER, *l'Évangile de la famille*, p. 52.

En réalité « l'Église est une famille de familles, constamment enrichie par la vie de toutes les Églises domestiques »[49]. Elle a besoin des familles comme autant d'Églises domestiques pour que son message soit audible et concret. Dans cette perspective, chaque famille devient un bien et un précieux don pour l'Église. Donc, l'Église est un bien pour la famille, la famille est un bien pour l'Église.

[49] Pape FRANCOI, *Amoris Laetitia*, n° 87

CHAPITRE 3 : APPROCHE DE LA VIE DU COUPLE DU POINT DE VUE HUMAIN

Partant des difficultés qui surgissent dans le couple, le Pape François souligne que « il est devenu fréquent que, lorsque quelqu'un sent qu'il ne reçoit pas ce qu'il désire, ou que ne se réalise pas ce dont il rêvait, cela semble suffisant pour mettre fin à un mariage »[50] et il ajoute qu'à cette allure, « il n'y aura pas de mariage qui dure»[51]. Ainsi, le pape invite l'Église à accompagner les couples avant et après le mariage. En même temps, il souhaite une nouvelle impulsion pastorale familiale qui se pencherait sur la réalité de l'homme et de la femme d'aujourd'hui. Les 5 besoins et les 2 désirs dégagés des réponses reçues des couples interrogés dans le premier chapitre, reflètent ce besoin d'une pastorale incarnée telle que soulignée au deuxième chapitre. Pour envisager une telle pastorale, nous allons porter un regard humain sur la vie du couple d'aujourd'hui.

Comment alors accompagner les couples dans une société qui a des-institutionnalisé la famille au niveau de toutes ses fonctions : sécuritaire, sociale, construction d'identité et de régulation de la sexualité ? Une société où la question de l'autonomie et de la liberté est posée avec acuité et où plusieurs idéologies dévaluent le mariage et la famille ? Comment aider les couples à durer dans le temps et à construire leur intimité face aux échecs de plusieurs couples dont les divorcés sont estimés à 67% ? Selon les psychologues, pour le nombre de couples qui restent fidèles jusqu'au bout au-delà des aléas de la vie, plus de la moitié se résignent et se supportent pendant des décennies. Tandis que

[50]François, *Amoris Laetitia,* n°237
[51]François, *Amoris Laetitia*, n°207.

ceux qui sont véritablement heureux et ce à long terme sont seulement estimés entre 15 et 20%[52].

C'est pourquoi, pour répondre à ces préoccupations, nous allons nous appuyer sur les approches psychologiques de Yvon Dallaire[53] et relationnelles de Gary Chapman un chrétien baptiste[54] dont les choix nous a été recommandés par un professeur. Et nous-mêmes avons aussi trouvé que ce choix était pertinent. Ces deux approches nous fourniront quelques raisons qui favorisent la réussite ou l'échec d'un couple. Nous ne manquerons pas non plus de nous inspirer des éclairages du pape François sur ce point, contenus dans *Amoris Laetitia.*

Ce chapitre portera dans la première partie sur les étapes de la vie du couple, suivi de la deuxième partie sur comment le passage de ses étapes s'effectue-t-il ? La troisième parlera du mariage alliance ou contrat ? Après, nous aborderons la partie sur l'intimité dans le mariage et la dernière sera consacrée à la communication, voie vers l'intimité et nous terminerons par uneconclusion.

3.1. LES ÉTAPES DANS LA VIE CONJUGALE

La famille est un bien précieux pour le monde. Elle est la base de toutes les structures sociales. Comme ce « bien de la famille est déterminant pour l'avenir du monde et de l'Église »[55], il est donc important d'attacher une attention particulière au couple qui fonde la famille.

---

[52]Cf. Statistiques rapportées par Daniel Goleman, L'intelligence émotionnelle. Comment transformer ses émotions en intelligence, Ed. Robert Laffont, 1997, p.169. Cité par Y. Dallaire, Qui sont ces couples heureux. Gérer les crises et les conflits du couple, Paris, Ed. Option santé, pp.19-20.

[53] Yvon Dallaire, né le 1 mars 1947, est un psychologue-sexologue canadien (Québec), auteur, conférencier renommé et éditeur. Il exerce la thérapie conjugale depuis plus de trente ans.

[54] Gary Chapman, né le 10 janvier 1947, est un auteur, conseiller conjugal, pasteur baptiste et conférencier américain spécialiste du mariage et de la famille. Dans ses œuvres, il prodigue des conseils pour réussir son mariage, sa vie de couple, l'éducation des enfants...Rendu célèbre par son ouvrage : « Les langages de l'amour » publié en France en 1997. Il est l'auteur de plusieurs ouvrages.

[55] François, *Amoris Laetitia*, n°31.

Dès le départ, le mariage ne peut être conçu comme quelque chose d'achevé. « Mais en s'unissant, les couples deviennent des protagonistes, maîtres de leur histoire et créateurs d'un projet à mener à bien ensemble. Le regard se dirige vers l'avenir qu'il faut construire quotidiennement (...) avec un conjoint imparfait (...) inachevé, appelé à grandir, en évolution. . »[56] Le mariage est donc une œuvre à construire quotidiennement ensemble. Ceci implique la participation de chacun des conjoints. Ils sont donc invités à s'engager tels qu'ils sont avec leurs forces et limites en laissant de côté toute illusion. Cela suppose un cheminement de croissance personnelle et du couple. Le pape souligne également que « la meilleure façon de préparer et de consolider l'avenir est de mieux vivre le présent»[57] .

Pour atteindre cette croissance qui invite les conjoints à se donner généreusement, le pape propose 7 étapes à parcourir. Il s'agit de passer du premier impact caractérisé par une attraction nettement sensible au besoin de l'autre, perçu comme une partie de soi-même. Cette deuxième étape amène les conjoints vers la 3ème qu'est le plaisir de l'appartenance mutuelle. Par ce passage de la 3ème à la 4ème étape, les époux acquièrent une compréhension de la vie entière comme un projet à deux. Au 5ème niveau, les époux développent la capacité de mettre le bonheur de l'autre au-dessus de ses propres besoins qui monte vers la 6ème étape qui est la joie de voir son propre couple comme un bien pour la société. Enfin à la dernière étape, la maturation de l'amour implique l'apprentissage de l'art de « négocier » comme une attitude non commerciale mais un exercice de l'amour mutuel qui est un mélange d'offrandes réciproques et de renoncements pour le bien de la famille[58].

---

[56] cf. François, *Amoris Laetitia*, n°218.
[57]François, *Amoris Laetitia*, n°219.
[58]François, *Amoris Laetitia*, n°220.

Le pape insiste sur le fait que la détérioration dans le couple arrive quand cette vie d'amour des premières années cesse d'être en mouvement et stagne[59]. Nous pensons que si on veut le bonheur pour son couple, ce mouvement est donc indispensable sinon on ouvrira la porte à la corruption de la relation conjugale. Ces étapes sont donc un parcours dynamique de développement et d'épanouissement pour un couple qui se veut heureux et durer dans le temps.

On retrouve ces 7 étapes énoncées par le pape sur la croissance du couple chez Dallaire. Chez lui, elles sont regroupées au nombre de 5[60]. Pour Dallaire, ces 5 étapes correspondent dans la durée à l'évolution d'un couple heureux à long terme. Il s'agit de :

- La lune de miel ou période passionnelle ;

- La lutte pour le pouvoir ou période d'adaptation ;

- Le partage de pouvoir ou période de stabilité ;

- L'engagement ou l'amour véritable ;

- L'ouverture sur autrui ou comment servir d'exemple.

Selon l'auteur, le classement de ces étapes ne suit pas une chronologie avec des frontières clairement établies. Elles se superposent souvent ou peuvent se faire flexibles. Elles peuvent même s'intercaler, comme c'est le cas pour la deuxième étape relative à la lutte pour le pouvoir.

3.2. COMMENT S'EFFECTUE LE PASSAGE DES ÉTAPES ?

Pour répondre à cette question, nous allons nous appuyer sur les idées maîtresses d'Yvon Dallaire. Il présente comment le couple heureux à long terme ou malheureux traverse ces étapes.

---

[59] Cf. François, *Amoris Laetitia*, n°219.

[60] Y. DALLAIRE, *Qui sont ces couples heureux. Gérer les crises et les conflits du couple*, Paris, Option santé, p.62-86.

Pour Dallaire[61], le couple heureux à long terme, est un couple qui a une histoire personnelle et conjugale. Une histoire qui porte un sens et vivifiée au quotidien par des conduites de vie qui permettent aux conjoints de traverser les malentendus et les conflits inévitables qui jalonnent une vie à deux. C'est un couple qui sait se ressourcer dans les crises et maintenir en même temps un degré de cohésion face aux forces de séparation qui agissent dans toute vie conjugale.

Le couple heureux traverse les mêmes étapes, mêmes confrontations, mêmes moments difficiles que tous les autres couples. Mais leur réaction est différente face aux situations conflictuelles. Il a une intelligence émotionnelle plus ouverte, c'est-à-dire une intelligence relationnelle plus élevée, plus concrète, plus ancrée dans le réel que le couple malheureux. Ce dernier s'acharne souvent à développer des mécanismes autodestructeurs, monte et entretient des scénarios répétitifs dans lesquels il s'enlise, se noie ou se résigne. Tandis que, le couple heureux est celui dans lequel chaque conjoint ne fait pas porter sur l'autre la responsabilité des tensions, des conflits imprévisibles qui surgissent mais qui accepte que le couple soit un lieu privilégié pour vivre des crises qui permettent à chacun de grandir.

Par rapport à la lutte pour le pouvoir, le couple heureux est celui où les conjoints acceptent que chacun puisse influencer l'autre pour lui permettre d'être plus lui-même, d'accéder au meilleur de lui. Le couple véritable est possible quand chacun est suffisamment autonome, différencié de l'autre et capable de se relier à d'autres personnes sans que cela soit vécu avec culpabilité ou comme une menace pour la relation conjugale.

Le couple heureux est un couple où les besoins relationnels de chacun (se dire, être entendu, être valorisé, être reconnu et avoir une intimité propre) sont entendus, comblés et respectés.

---

[61] Cf. Y. DALLAIRE, *Qui sont ces couples Heureux. Gérer les crises et les conflits du couple*. p.11-16.

C'est un couple où chacun vit une double intimité conjugale (commune et partagée) et personnelle (réservée) en privilégiant la relation par la découverte d'être à trois : l'un et l'autre et la relation qui lesrelie. Chacun des partenaires favorise et accorde une importance à cette relation en la nourrissant, la vivifiant et la dynamisant. Selon Yvon Dallaire, les jeux de pouvoir sont destructeurs surtout quand l'un veut imposer son jeu et ses règles tout en refusant et sabotant ceux de l'autre.

Un couple heureux est un couple qui ne s'abrite pas sur ses sentiments, qui ne met pas toujours en avant son amour, pour en faire un alibi, un enjeu de chantage ou de pression. Mais il découvre et reconnaît peu à peu que c'est la qualité de la relation qui passe par le respect de certaines balises qui maintient les conjoints dans la durée. Pour Yvon Dallaire, « l'amour est l'objectif de la relation » et que cet amour se construit au-delà de l'attirance, des premiers émois, des fantasmes sur ce que devrait être (ou ne pas être) l'autre pour passer à l'espérance et à la connaissance qui participe à la naissance de l'autre. Pour Dallaire, « l'amour est un sentiment beaucoup plus doux… »[62].

Parlant de l'amour, le pape insiste dans le même sens en disant que « l'amour n'œuvre pas avec rudesse, il n'agit pas de manière discourtoise, il n'est pas dur dans les relations. Ses manières, ses mots, ses gestes sont agréables et non pas rugueux ni rigides. »[63]C'est pourquoi, dans son exhortation à ceux qui aident les couples, le pape demande que pour encourager un chemin de fidélité et de don réciproque au couple, on devrait d'abord stimuler la croissance, la consolidation et l'approfondissement de l'amour conjugal et familial[64].

---

[62]Y. DALLAIRE, *Qui sont ces couples heureux. Gérer les crises et les conflits du couple*, p.55.
[63] François, *Amoris Laetitia*, n°99.
[64] cf. François, *Amoris Laetitia*, n°89.

Pour Yvon Dallaire, le couple heureux sait qu'on peut s'aimer même dans le désaccord car la plupart des conflits du couple sont « insolubles »[65] selon l'auteur. C'est pourquoi, il invite les couples à un changement radical du regard en leur proposant de ne plus fuir dans la recherche des solutions mais plutôt d'œuvrer dans l'acception d'une évolution des positions dans les conflits. Pour lui, il y a six sources de conflits insolubles à savoir l'éducation des enfants, la gestion financière du budget familial, les relations avec la belle-famille, la répartition des tâches ménagères, l'équilibre entre la vie privée et la vie professionnelle ainsi que la vie sexuelle.

Le couple heureux accepte de vivre la crise présente sans vouloir l'augmenter en se donnant la chance de la traverser sans destruction mutuelle. Chacun accepte les imperfections de l'autre en se sachant soi-même imparfait et en continuant d'autre part à admirer son partenaire et maintenir une estime élevée pour l'autre. C'est cela la base même d'un amour qui peut être vécu dans la durée et qu'il appelle l'amour véritable.

Le constat fait par l'auteur est qu'un couple heureux à long terme, refuse de s'enfermer dans un double piège celui de l'accusation disqualifiant l'autre et celui de l'autoaccusation dévalorisante de soi en favorisant des dispositions pour l'auto responsabilisation. Ainsi, ces conjoints développent un style relationnel spécifique. Ils sont des partenaires exigeants et égalitaires avec de hautes aspirations et élaborent des projets à court, moyen et long terme. Ils ont leurs rituels amoureux, conjugaux et familiaux. C'est ce que Dallaire appelle « une culture de couple » qui est le signe que chaque couple heureux possède une histoire et une culture propres[66], par exemple, pour satisfaire leur besoin de communication, les conjoints heureux développent un langage propre fait de

[65] En parlant des conflits insolubles : les problèmes tournent généralement autour de ces six thèmes, Yvon Dallaire attire l'attention des couples sur le fait de ne pas s'enfermer dans la recherche d'un accord à tout prix, c'est-à-dire à la réduction de l'autre à notre position, Y. Dallaire, Qui sont ces couples heureux. Gérer les crises et les conflits du couple, p.14-15.

[66] Y. DALLAIRE, *Qui sont ces couples heureux. Gérer les crises et les conflits du couple*, p. 82.

signes dont eux seuls connaissent la signification qui permettent d'entretenir la relation.

Ces conjoints heureux à long terme et grâce à l'ouverture sur autrui sont ceux qui, une fois « à la retraite, voyagent, s'impliquent socialement, font du bénévolat ou sont tout simplement prêts à partager leur bonheur avec leurs enfants, leurs petits-enfants, leur entourage immédiat et lointain (…). Ils deviennent des modèles enviés »[67]. C'est une alliance alors conclue pour le meilleur et pour le pire jusqu'à la fin de la vie et non pas comme un contrat caractérisé par des limites.

Pour conclure, nous relevons qu'à travers ce passage de la 1ème à la 5ème étape, Dallaire présente le mariage comme une alliance conclue entre deux personnes qui acceptent d'entrer dans un processus de croissance en passant par des étapes. Les moyens pour y parvenir sont la communication et la relation de qualité dont la finalité est l'amour véritable. Ces étapes sont une illustration du mariage conçu non pas comme un contrat qui peut facilement se casser mais comme une alliance à long terme.

3.3. MARIAGE : ALLIANCE OU CONTRAT ?

Pour comprendre la différence entre mariage comme alliance ou contrat, nous allons nous appuyer sur l'approche relationnelle avec une note chrétienne de Gary Chapman.

Gary Chapman présente aussi deux moyens pour un couple qui veut le bonheur et que celui-ci résiste dans le temps. Il l'explicite en ces termes : « la communication et l'intimité sont deux aspects les plus essentiels pour développer un mariage qui se fortifie sans cesse »[68].

---

[67]Y. DALLAIRE, *Qui sont ces couples heureux. Gérer les crises et les conflits du couple*, p. 85.

[68] G. CHAPMAN, *Couple complices. Approche relationnelles et bibliques pour consolider son mariage*, Pais, Farel,2008, p.6.

Pour lui, le manque de communication est source de plusieurs conséquences néfastes pour beaucoup de couples. Il y a des couples qui sont bénis par la complicité grâce à la communication. Son idée de l'intimité renvoie à la relation conjugale qui est le cœur même du concept biblique du mariage dont les deux partenaires deviennent « un seul être » (Genèse 2,24). Dans ce sens biblique « un » signifie « unité composée » et non pas une unité absolue[69].

Pour Chapman[70], même si le mariage est un engagement légal, il n'est pas un contrat mais une alliance. Nous allons succinctement présenter la nature et les caractéristiques d'une alliance et d'un contrat. Ceci nous permettra de comprendre ce qui convient pour un mariage qui se veut heureux à long terme.

Nature du contrat

Le principe de la nature du contrat est simple. Pour renforcer la garantie effective que la personne ou la société honorera son engagement pris, les gens préfèrent signer des contrats. Selon Gary, le contrat « est un accord passé entre deux personnes ou plusieurs personnes en vertu duquel l'une d'entre elles effectuera une chose et l'autre une autre chose. »[71] Nous pouvons par exemple, citer le cas d'un contrat de location, de vente et de service. Le contrat peut être formel (légal) ou informel (non-légal).

Du point de vue légal, « le mariage est un contrat assorti de certains droits et certaines responsabilités »[72]. En cas du non-respect d'un contrat légal par l'une des parties, celle-ci sera contrainte par des mesures légales « à s'y conformer ou à mettre un terme en vertu d'un règlement équitable »[73].

---

[69].G. CHAPMAN, *Couple complices. Approche relationnelles et bibliques pour consolider son mariage*, p.6.
[70].G. CHAPMAN, *Couple complices. Approche relationnelles et bibliques pour consolider son mariage*, p.11-31.
[71].G. CHAPMAN, *Couple complices. Approche relationnelles et bibliques pour consolider son mariage*, p.11-12.
[72].G. CHAPMAN, *Couple complices. Approche relationnelles et bibliques pour consolider son mariage*, p. 12.
[73].G. CHAPMAN, *Couple complices. Approche relationnelles et bibliques pour consolider son mariage*, p.12.

Quand il s'agit d'un contrat informel, sa valeur de non-engagement ne dépasse pas le degré d'intégrité des contractants, mais peut être selon l'auteur, source de conflits ou de violences verbales ou physiques pour contraindre l'autre à respecter son engagement. Le contrat est donc contraignant.

Beaucoup de couples évoluent dans cette mentalité contractuelle au sein du mariage. Ils aiment conclure des accords et se font contraindre mutuellement au respect de leurs promesses respectives. Quand les conjoints conçoivent leur mariage uniquement en terme contractuel, cela engendre ressentiment, souffrance et colère, et les conduits manifestement au divorce. Ceci s'explique à cause des caractéristiques du contrat.

Caractéristiques du contrat

Le contrat présente 5 caractéristiques selon Chapman. Il est caractérisé par une période limitée, porte sur les actes précis et s'appuie sur une mentalité « donnant-donnant ». Il est motivé par le désir d'obtenir ce que l'on veut et il est parfois tacite[74]. Cet esprit contractuel du mariage prédispose le couple à divorcer surtout quand la relation conjugale traverse de grandes périodes de crises.

Il est évident d'affirmer que le mariage « est un engagement légal qu'il convient d'honorer, et de multiples accords informels au sein du couple aidant souvent à utiliser efficacement les aptitudes différentes des conjoints dans l'intérêt commun. Mais le mariage religieux est plus qu'un contrat. Cette dimension supplémentaire est couverte par la notion d'alliance »[75]. Quelle est alors la différence entre « mariage-contrat » et « mariage-alliance » ? Le point suivant nous aidera à faire cette distinction.

---

[74] G. CHAPMAN, *Couple complices. Approche relationnelles et bibliques pour consolider son mariage*, p.13-16.
[75] G. CHAPMAN, *Couple complices. Approche relationnelles et bibliques pour consolider son mariage*, p.15-16.

Nature de l'alliance

Le « mariage-alliance » signifie selon l'auteur, l'union chrétienne[76] car le terme alliance est typiquement biblique. Il est né à partir de toutes les alliances que Dieu a conclues avec son peuple dans toutes les Écritures Saintes, c'est-à-dire de la Genèse jusqu'à Jésus qui est venu accomplir l'ancienne et instituer la nouvelle alliance (Matthieu 26,28).

La Bible présente également des alliances conclues entre les hommes. Par exemple, l'alliance entre Jonathan avec David (1Samuel 18,1-3) et de Ruth avec Noémi (Ruth 1, 16-17).

Chapman définit l'alliance comme un accord conclu entre deux ou plusieurs personnes mais la nature de l'engagement pris est différente. Par rapport au mariage, la Bible le conçoit comme une alliance entre un homme et une femme. Dans Proverbe (2,16-17), l'auteur de ce passage indique clairement la nature sacrée du mariage comme une alliance sacrée. Dans l'Ancien Testament, Dieu compare sa relation avec Israël comme un lien conjugal. Dieu assimile Israël à une épouse et lui promet fidélité (Ezéchiel 16,8). Dieu a également exprimé son mécontentement à l'égard du divorce dans Malachie (2,14).

Jésus est venu pour accomplir l'ancienne alliance et instituer la nouvelle : Lui-même considère le mariage comme une alliance conclue pour la vie (Matthieu 19,4-9). En effet, Jésus asouligné le sens de l'indissolubilité du mariage car le mariage est un bien et une vocation voulus par Dieu dès la création du monde. Pour comprendre cette différence entre alliance et contrat, nous allons donner quelques caractéristiques de l'alliance.

[76] G. CHAPMAN, *Couple complices. Approche relationnelles et bibliques pour consolider son mariage*, p. 17-18.

Caractéristiques de l'alliance

Chapman explique[77] que le terme alliance se retrouve dans la trame biblique. Selon l'approche biblique :

L'alliance est initiée au bénéfice de l'autre c'est-à-dire au désir de combler l'autre personne et non de la manipuler ou d'obtenir une contrepartie. Le conjoint s'engage envers l'autre et à son bien-être. La motivation et l'attitude à adopter consistent à ne pas rechercher sa satisfaction personnelle mais à s'engager à faire don de soi pour assurer le bonheur de son conjoint.

Dans l'alliance, les relations se caractérisent par des promesses inconditionnelles. Il s'agit de l'engagement que prennent les époux quand ils répondent à la question suivante : « Voulez-vous cette femme comme épouse ou cet homme comme époux et vivre avec elle ou lui dans le cadre des liens sacrés du mariage, en promettant de l'aimer, de la consoler, de l'honorer, de la protéger et de lui rester fidèle, dans la santé et dans sa maladie, jusqu'à ce que la mort vous sépare ? Il s'agit là des termes de conclusion d'un mariage, d'une alliance et non d'un contrat.

L'alliance repose sur un « amour constant ». Il est requis d'adopter ici uneattituderelationnelle envers son conjoint qui sous-entend l'estime pour l'autre, sa valorisation et une appréciation de ses qualités. Il est exclu de se concentrer sur les défauts et le négatif de l'autre, elle se conçoit comme une expression positive traduite par des actes concrets.

L'engagement pris dans l'alliance demeure permanent. L'alliance est conclue dans la durée. Donc, selon l'espritde la Bible, l'alliance ne se définit pas comme un contrat passé pour une durée déterminée. Elle est un fait de la vie

---

[77] Cf. G. CHAPMAN, *Couple complices. Approche relationnelles et bibliques pour consolider son mariage*, p. 19-31.

exprimée par les mots prononcés lors de l'engagement : « Jusqu'à ce que la mort nous sépare ».

L'alliance exige la confrontation et le pardon. Comme Dieu, face à nos échecs, n'efface pas son alliance. Il nous rend responsable de nos actes mais nous pardonne toujours chaquefoisque nous revenons vers lui. C'est l'attitude qui doit conduire à un mariage alliance. Le conjoint doit favoriser l'esprit du pardon. Pour que le pardon soit accepté et la relation restaurée, il faut que chacun soit capable d'assumer la responsabilité de ses actes et reconnaître ses fautes.

Dans cet esprit d'alliance, les conjoints sont plus portés à la recherche du bien-être de l'autre et cela contribue à changer la qualité de la relation conjugale. Le contrat est certes bon mais à lui seul, il ne peut permettre une alliance telle décrite plus haut et conduire à l'intimité profonde au sein du couple. Ceci nous pousse à aborder le point sur l'intimité comme source de satisfaction des besoins et désirs du couple.

3.4. INTIMITÉ CONJUGALE SOURCE DE SATISFACTION DES BESOINS ET DÉSIRS DU COUPLE

Gary Chapman comme Dallaire accordentbeaucoup d'importance à l'intimité conjugale (relation de qualité pour Dallaire comme nous l'avons décrit plus haut). L'être humain, en général, a été conçu sur le plan psychologique, spirituel et physique pour avoir soif de vivre en relation avec un autre individu. Les célibataires comme les couples mariés ont le désir et le besoin de moments de solitude mais aussi le besoin d'amitié et de proximité. Dans le cas du mariage, ils sont deux à devenir un. Mais cette unicité n'implique en aucun cas la perte de l'individualité. Au contraire, la diversité vécue dans l'unité est le reflet d'une profonde intimité.

Dans ce sens, le mariage est le lieu le plus intime de toutes les relations humaines car on y retrouve le partage de l'intimité intellectuelle, sociale, émotionnelle, spirituelle et physique.

D'après Chapman, par l'intimité intellectuelle, « les conjoints partagent leurs pensées, leurs expériences, leurs idées et leurs désirs[78] ». Ceci demande que chacun apprenne à partager librement et développe une compréhension mutuelle, que chacun se sente admis dans ses pensées par l'autre cela sans rejet. Ces pensées peuvent être sur les grandes décisions à prendre ou les simples informations à donner. Dans les deux cas, l'intimité intellectuelle consiste en la liberté de partage des pensées respectives avec l'assurance que chacun sera entendu et recevra une réponse franche de son conjoint. L'absence de cette intimité intellectuelle provoque des frustrations et crée des blocages du partage sur l'essentiel.

Socialement, les conjoints « partagent des interactions avec le monde extérieur : concerts, divertissements, pique-nique, etc., dans le cadre duquel ils entrent en relation[79] ».

Quant à l'intimité émotionnelle, « les conjoints partagent leurs sentiments et leurs relations aux événements de la vie »[80]. Pour grandir dans cette intimité, les conjoints doivent apprendre à gérer leurs émotions négatives et à répondre aux besoins émotionnels. Pour répondre à ces besoins, il y a trois essentiels selon Chapman : il s'agit de l'amour, du respect et de l'appréciation. L'amour, c'est avoir le sentiment que le conjoint se soucie du bien-être de l'autre (son bonheur), le respect c'est porter son regard positif sur la personne de l'autre, son intelligence, ses aptitudes et sa personnalité et l'appréciation consiste à estimer l'autre dans sa juste valeur c'est-à-dire la part de sa contribution à la relation.

---

[78] G. CHAPMAN, *Couple complices. Approche relationnelles et bibliques pour consolider son mariage*, p. 45.
[79] G. CHAPMAN, *Couple complices. Approche relationnelles et bibliques pour consolider son mariage*, p. 45.
[80] G. CHAPMAN, *Couple complices. Approche relationnelles et bibliques pour consolider son mariage*, p. 45.

« L'intimité physique couvre tout le domaine du toucher : se tenir la main, s'embrasser, s'étreindre et avoir des relations sexuelles»[81]. Selon l'auteur, cette dimension de l'intimité est satisfaite en majeure partie si les deux premières intimités émotionnelles et intellectuelles ont préalablement reçu une réponse satisfaisante du conjoint[82]. Le but de l'acte sexuel est la procréation, l'intimité et la complicité. Cette union sexuelle : « exprime leur sentiment d'appartenance le plus profond et implique leurs émotions, leur esprit, leurs pensées »[83]. L'auteur ajoute que « cette communion ne peut être dissociée de l'union intellectuelle, émotionnelle, sociale et spirituelle »[84]. Ce sont donc ces domaines qui préparent l'union sexuelle et lui permettent d'atteindre son but ultime. C'est pourquoi, Chapman dit que l'acte sexuel implique l'être tout entier, comme cela est illustré par Saint Paul : « Ne savez-vous pas que vos corps sont des membres du Christ ? (…) Ou ne savez-vous pas que l'homme qui s'unit à une prostituée devient avec elle un seul corps ? Car l'Écriture déclare : « Les deux deviendront un seul corps » ». (1 Corinthien 6,15-16). Sans ces préalables, l'union sexuelle, même si elle rapproche les deux conjoints, ne pourra engendrer un mariage intime.

L'intimité spirituelle des conjoints « implique l'échange sur un détail qui les touche dans un moment d'intimité avec Dieu ou sur un principe biblique édifiant »[85]. Cette intimité met Dieu au centre de cet amour conjugal pour le couple chrétien. Pour atteindre cette maturité spirituelle, la priorité est aussi comme pour les autres intimités précédentes, la croissance spirituelle en vue du salut qui signifie : « ressembler de plus en plus à Jésus Christ »[86]. C'est une responsabilité personnelle de chacun des conjoints. L'auteur propose 5 méthodes

---

[81] G. CHAPMAN, *Couple complices. Approche relationnelles et bibliques pour consolider son mariage*, p. 45.
[82] Cf. G. CHAPMAN, *Couple complices. Approche relationnelles et bibliques pour consolider son mariage*, p.209.
G. CHAPMAN, *Couple complices. Approche relationnelles et bibliques pour consolider son mariage*, p. 213.
[84] G. CHAPMAN, *Couple complices. Approche relationnelles et bibliques pour consolider son mariage*, p.214.
[85] G. CHAPMAN, *Couple complices. Approche relationnelles et bibliques pour consolider son mariage*, p. 45.
[86] G. CHAPMAN, *Couple complices. Approche relationnelles et bibliques pour consolider son mariage*, p. 246.

pour développer l'intimité spirituelle qui consistent à : parler, prier, étudier les Écritures, servir et rêver ensemble[87].

Enfin, Chapman compare le couple sans intimité profonde à une plante flétrie par manque d'eau. Car pour lui, l'intimité conjugale est la pluie qui donne au mariage sa vitalité et Dallaire dira que c'est la qualité de la relation qui nourrit, vivifie et dynamise le couple. Pour Chapman, « le degré atteint par le couple dans chacun des domaines détermine le degré de satisfaction général de son mariage. Inversement, la part d'intimité absente dans ces domaines, donne la mesure du vide qui caractérise la relation du couple »[88]. Gary Chapman souligne que la communication est donc le stimulant de cette intimité conjugale.

3.5. COMMUNICATION : VOIE VERS L'INTIMITÉ

Interrogés par Chapman, 86 % des couples divorcés mettent en avant la mauvaise communication au sein du couple. D'où l'auteur pose la communication comme moyen privilégié conduisant à cette intimité conjugale.

Il définit la communication dans sa forme élémentaire comme le fait de parler et d'écouter. Si l'expression verbale et l'écoute ne sont pas accompagnées d'un retour franc et aimant de l'auditeur, la communication flanche et vacille. C'est pourquoi, « dans le cadre d'une bonne communication conjugale, le mari et la femme partagent leurs pensées, leurs sentiments, leurs expériences, leurs valeurs, leurs priorités et leurs opinions, et s'écoutent mutuellement avec intérêt »[89]. Et il ajoute que les deux conjoints doivent se livrer avec le même degré d'ouverture et de franchise[90] en vue d'un épanouissement mutuel.

---

[87] G. CHAPMAN, *Couple complices. Approche relationnelles et bibliques pour consolider son mariage*, p. 236-246.

[88] G. CHAPMAN, *Couple complices. Approche relationnelles et bibliques pour consolider son mariage*, p.46.

[89] G. CHAPMAN, *Couple complices. Approche relationnelles et bibliques pour consolider son mariage*,p.47.

[90] G. CHAPMAN, *Couple complices. Approche relationnelles et bibliques pour consolider son mariage*, p.47.

L'auteur propose la dynamique d'une communication saine à partir des 5 niveaux de communication[91].

Au premier niveau qu'il appelle la conversation de couloir, « concerne le champ de la conversation superficielle. On utilise des propos polis et aimants avec des expressions telles que : « bonjour, prends soin de toi, fais attention, bonne nuit… ». Ce sont des expressions de la communication de base de tout le monde.Certainscouples passent plusieurs jours sans dépasser ce premier niveau et il y a un manque d'intimité dans leur relation.

Le deuxième niveau est basé sur la communication journalistique où on ne présente que des faits et rien que des faits qui répondent aux questions : « Qui, quoi, quand et où ? » sans partager son avis par rapport aux événements. C'est un partage d'informations factuelles sans aucune expression intellectuelle ni sentimentale en réaction à l'information reçue. Ces informations sont importantes mais de très nombreux couples dépassent rarement ce niveau. Pour l'auteur, le degré d'intimité intellectuelle, émotionnelle, spirituelle et physique développé à ce niveau reste très limité.

Le troisième niveau dépasse le partage des informations factuelles. Il s'agit d'un discours intellectuel pendant lequel chacun dévoile son opinion, son interprétation, son jugement sur telle ou telle question. L'interlocuteur découvre la manière dont chacun traite l'information reçue. A ce niveau, la probabilité de conflit ou de divergence est beaucoup plus élevée qu'aux deux premiers niveaux. Les interlocuteurs en parlant attendent une réponse. Quand ils se sentent menacés émotionnellement parce que leurs opinions sont remises en question et contestées, ils utilisent les premiers niveaux moins conflictuels et n'atteindront jamais le niveau suivant.

---

[91] G. CHAPMAN, *Couple complices. Approche relationnelles et bibliques pour consolider son mariage*, p.63-73.

Pour favoriser le développement de la communication au sein du couple, il est indispensable que chacun accorde à l'autre la liberté de penser différemment car il est difficile d'être d'accord sur tous les points à cause de notre différence.

Au quatrième niveau de la communication, le discours est émotionnel car les conjoints partagent leurs émotions et sentiments. Dans le groupe, les gens partagent plus difficilement leurs sentiments que leurs pensées parce que les sentiments reflètent plus clairement le caractère unique de la personnalité et ils sont d'ordre privé. Personne ne peut éprouver exactement la même chose sur un sujet donné.

Dans un couple, chaque conjoint a son histoire et sa personnalité. En livrant ses sentiments, chacun livre une part de lui-même. Ainsi, dans le mariage, la communication dans ce domaine, offre l'opportunité de renforcer l'intimité conjugale.

Selon l'auteur, plusieurs ne communiquent que rarement à ce niveau par crainte d'être rejetés. Alors que pour renforcer la communication, les conjoints doivent accepter d'éprouver des sentiments divergents même sur un sujet identique. C'est pourquoi, les conjoints devraient s'accorder mutuellement la liberté d'avoir des réactions différentes et d'écouter avec compassion les sentiments de l'autre. Cette attitude d'acceptation aidera les conjoints à passer plus de temps à ce niveau supérieur de communication pour faire grandir l'intimité conjugale.

Arrivé au cinquième niveau, le couple atteint le sommet de la communication qui est le discours de la vérité dans l'amour et la sincérité. La vérité est dite dans l'amour, ils sont francs et ouverts sans condamnation. Chacun est libre de penser et de réagir différemment. Là, grandit la compréhension sur les pensées et les sentiments de l'autre. Chacun cherche malgré cette différence le moyen pour grandir ensemble.

Ce niveau n'est pas facile à atteindre mais il n'est pas non plus impossible d'y accéder. Même si la majorité des couples n'y parviennent pas selon l'auteur, un nombre croissant d'entre eux découvre ce type de communication ouverte et tendre qui conduit vers un sentiment profond de complicité et d'intimité dans le mariage. La prise de conscience de ces 5 niveaux de communication permet au couple d'améliorer la qualité de la relation du couple.

Conclusion

Toutes ces approches montrent que le mariage heureux à long terme est bel et bien possible aujourd'hui. Le mariage n'est pas un projet déjà achevé dès le départ mais il est un parcours dynamique et progressif qui passe par des étapes. Pour effectuer ce passage surtout pendant les moments de grandes crises, deux principaux ingrédients sont proposés aux conjoints qui veulent atteindre une satisfaction à leurs besoins intellectuel, émotionnel, social, spirituel et physiologique et leurs désirs de durer dans le temps. C'est bien la communication et l'intimité (relation de qualité) conjugale qui sont les deux aspects essentiels pour fortifier sans cesse leur mariage.

Les réponses des 12 couples aux questions lancées aux 14 couples des trois différents groupes confirment les approches d'Yvon Dallaire et de Gary Chapman. Les 12 couples ont présenté les mêmes besoins à satisfaire, à l'exception du besoin physiologique qu'ils ne livrent pas facilement en groupe. Ils ont, cependant, ajouté le besoin d'un cadre sécurisant et favorable au partage et échange des expériences de leur vie privée car ils veulent apprendre, profiter des expériences des autres couples mais aussi protéger leur vie d'intimité. Ils ont également présenté les mêmes désirs de vouloir vivre heureux dans le couple et durer dans le temps.

Ceci confirme alors le besoin d'un cadre pour l'accompagnement des couples. Il constitue un lieu d'apprentissage qui prendrait en compte la réalité du couple d'aujourd'hui et permettrait le passage des étapes, énumérées plus haut, en vue d'une croissance des conjoints et du couple. Cela rejoint l'exhortation du pape François qui invite et encourage l'Église à accompagner les couples avant et après leur union conjugale spécialement pendant les premières années du mariage.

CHAPITRE 4. APPROCHE PASTORALE : QUELLES PISTES D'ACCOMPAGNEMENT DES COUPLES APRES LE MARIAGE.

Partant de nos observations, nous pouvons dire qu'il y a encore un grand travail et une urgence qui se font sentir pour une nouvelle méthode et un nouveau regard dans l'accompagnement des couples.

Dans le cadre précis de notre société postmoderne, les cris de la famille se font entendre, et nous invitent à un renouveau pastoral. Vu l'urgence et la pertinence de la question, la pastorale familiale doit occuperune place particulière, spéciale et même privilégiée de notre apostolat. Aujourd'hui la famille est en danger et le constat est tellement évident, que ne pas tenir compte de ce défi aboutira « aux mariages morts nés » ou aux rendez-vous ratés.

Pour proposer une perspective d'une pastorale familiale, ce chapitre aura deux parties. Nous allons dans la première partie faire une analyse des réponses données par les 12 couples interrogés. Dans cette partie, nous allons dégager les points forts et faibles. La deuxième partie proposera une piste d'action pour la mise en route d'une pastorale d'accompagnement des jeunes couples durant les premières années du mariage.

4. 1. CONTRIBUTION CRITIQUE DES OBSERVATIONS.

Selon les statistiques[92] de l'OMS, les couplesqui tiennent à deux et c'est à long terme sont minoritaires. Si 67 % des couples sont divorcés, dans les 33% qui restent, on compte la moitié qui vivent dans la résignation ou se supportent. Les 15 ou 20 % autres vivent heureux à deux et cela à long terme.

Au regard de ces statistiques, nous osons affirmer que la plupart de ces couples heureux à long terme ont pu traverser les étapes décrites au troisième

---

[92]Cf. Statistiques rapportées par Daniel Goleman, cité par Y. Dallaire, *Qui sont ces couples heureux. Gérer les crises et les conflits du couple,* Paris, Ed. Option santé, p.19-20.

chapitre. Le passage de ces étapes par le couple heureux à long terme est donc possible aujourd'hui si seulement les couples et la communauté acceptent de faire route ensemble en vue d'une croissance de chaque conjoint et du couple.

Les réponses reçues par les 12 couples interrogés nous ont révélé que les couples dès le départ, manifestent un grand désir d'être heureux et de durer dans le temps. A travers ce désir, ils découvrent qu'ils ne peuvent pas cheminer seuls, qu'ils ont besoin d'autres personnes et outils pour en découvrir le secret. Nous allons alors dégager de leurs réponses, les points forts et faibles qui montrent ce que nous venons de dire plus haut.

4. 1.1. Points forts des réponses des couples

Par le baptême, tous les fidèles, et donc les laïcs y compris, reçoivent la triple fonction : prêtre, prophète et roi. Dans cet esprit, tous les baptisés sont appelés à participer à la mission de l'Église. Ils sont messagers de l'Évangile. Il est donc important de tenir compte de l'urgence et de l'importance du travail des fidèles laïcs dans le présent et dans l'avenir.

La communauté famille chrétienne, l'unité pastorale père Damien et le groupe de Braine-l'Alleud ont été créés différemment non seulement comme un moyen qui aide les couples dans la croissance conjugale, mais aussi et surtout comme un moyen d'évangélisation dans le but de répondre à la mission universelle. Comme nous avons constaté dans leurs témoignages, chacune de ces communautés essaie de répondre à cette mission avec sa particularité.

Les 5 besoins soulignés par les réponses des couples révèlent leur désir de cheminer ensemble dans un cadre précis de sécurité qui leur offre des outils pour avancer et bâtir leur union et le besoin d'un cadre qui sécurise et protège leur vie privée conjugale.

Par le partage avec les uns et les autres, les couples prennent conscience et découvrent que tous les couples traversent presque les mêmes conflits et crises familiales. Dans ce sens, le groupe constitue un lien qui propose des repères concrets pour savoir affronter ces difficultés. Ils découvrent également que de par leur nature, les hommes et les femmes présentent presque les mêmes besoins conjugaux à satisfaire.

Là où il y a mixage de jeunes couples et couples âgés, le groupe devientune école d'apprentissage à partir de la réalité des expériences des couples âgés. Ce mixage permet aux jeunes couples de découvrir le secret qui a aidé les plus âgés à tenir et à surmonter les moments durs du couple et de la famille. Ceci rejoint et confirme l'idée du pape qui trouve que la présence des couples expérimentés est d'une grande importance dans l'accompagnement des jeunes couples[93].

Selon les expériences des 12 couples interrogés, le groupe est un lieu de croissance personnelle et du couple, lieu d'exercice pour développer une communication saine et d'écoute mutuelle qui par la suite aide les conjoints à faciliter cette pratique au sein du couple et de la famille.

Ainsi, le groupe devient pour les 12 couples un lieu d'affermissement de la foi et de la conviction que si Dieu est mis au centre du couple, le couple et la famille peuvent croître dans l'amour, le pardon et la réconciliation. Le groupe permet également aux couples de se prendre en charge par le choix libre des thèmes concrets qui rejoignent leur réalité, stimulent la créativité et renforcent le lien entre couples en vue de croître ensemble vers la stabilité conjugale.

Les couples apprécient des activités conjugales initiées par la paroisse ou les prêtres. Ces activités stimulent et encouragent les conjoints à tenir dans leur choix et poussent à créer des initiatives concrètes en faveur des couples et familles. Dans ce sens, la structure est un soutien qui oriente les couples vers leur mission conjugale dans l'Église.

---

[93] François, *Amoris Laetitia*, n°223.

Grâce au groupe BA qui est plus informel, nous avons pu percevoir l'avantage de leur souplesse, qui permet au groupe de faire librement leur programme, le choix des thèmes, et mode de fonctionnement.

Enfin, la création de ces trois groupes représente une nouvelle méthode d'évangélisation qui permet de rejoindre les familles avec ses joies et peines.

4.1.2. Points faibles des réponses des couples

Pour dégager les points faibles, nous allons centrer notre réflexion sur trois points : un niveau structurel, organisationnel et thématique.

- *Au niveau structurel*

Le monde moderne poursuit son évolution propre, tandis que certaines structures s'enferment, constituant un monde de repli sur lui-même. Le monde d'aujourd'hui n'a pas besoin d'une Église qui se limite seulement à la présentation de sa structure. L'Église doit rendre compte de la présence de Dieu dans la vie des hommes. Il s'agit de témoigner d'un Dieu vivant qui rencontre l'homme vivant. Il faut aller à la rencontre d'un homme vivant avec toutes ses expériences positives et négatives, il faut retrouver son travail intellectuel.

Dans les trois groupes de couples interrogés, nous constatons qu'un groupe est trop normatif. Dans le fonctionnement de la CFC, il y a des choses déjà définies par leur règlement d'ordre intérieur, qui sont parfois inadaptées à la réalité belge. Cette attitude ne permet pas l'ouverture et entrave l'esprit de créativité. En plus, dans la structure de la CFC, tous les membres sont congolais. Cette configuration contredit même l'esprit de la CFC en s'inspirant de la lettre aux Colossiens 3,11-14, dit clairement que, « dans la CFC, il n'y a plus ni riche, ni pauvre, ni vieux, ni jeune, ni belge, ni congolais, ni rwandais, ni étranger »[94]. Nous proposons son extension à d'autres communautés non congolaises.

---

[94] COMMUNAUTE FAMILLE CHRETIENNE.

Le groupe BA, étant un groupe informel, ce manque de structures le fragilise un peu. C'est pourquoi, le groupe rencontre des difficultés pour la gestion de la parole pendant les rencontres et la gestion du temps d'évaluation de leurs activités.

- *Organisationnel*

Dans le fonctionnement de la CFC, le constat est que le groupe a du mal à s'adapter aux styles et aux réalités locales. Il y a un esprit vraiment africain qui règne dans le groupe.

Quand, dans le fonctionnement, tout est bien organisé comme dans le groupe UPD, la passivité peut s'installer et on devient moins créatif. C'est pourquoi, l'un des couples avait demandé de sortir de temps en temps de la ligne tracée même si le programme est bien adapté au groupe.

L'enjeu de la démarche pastorale est aussi d'articuler la pratique et le spirituel. Autrement dit, il faut articuler la foi et la vie. Le fonctionnement de chaque groupe doit être une sorte de concrétisation et d'actualisation du message biblique dans la vie réelle.

- *Thématique*

Il faut parfois donner aux couples la possibilité de faire le choix des thèmes qui seront développés pendant l'année. Par exemple, pour cas de la CFC, le choix des programmes et les thèmes doivent venir de Kinshasa. Parfois ces thèmes sont déconnectés de la réalité du terrain, parce qu'ils sont choisis et imposés de l'extérieur.

Pour l'UPD, le programme des équipes Notre Dame suivi par le groupe est déjà bien élaboré. Même si tous les thèmes sont très bien développés et appréciés, on devra parfois laisser la possibilité aux couples d'aborder un thème qui sort du syllabus pour rejoindre une réalité non prévue.

A partir de ces quelques points forts et faibles soulignés, nous allons proposerquelques pistespour une pastorale familiale en faveur de nos UP.

4.2. ACCOMPAGNEMENT DES COUPLES APRES LE MARIAGE

Selon les Pèressynodaux, « les premières années du mariage sont une période vitale et délicate durant laquelle les couples prennent davantage conscience des défis et de la signification du mariage. D'où l'exigence d'un accompagnement pastoral qui se poursuive après la célébration du sacrement »[95]. Ainsi, les expériences des trois groupes démontrent-elles combien l'accompagnement et l'engagement de la communauté ecclésiale locale sont nécessaires pendant les premières années du mariage. Ce travail permet donc au couple de bien traverser toutes les étapes de la vie conjugale.

Dans le contexte social actuel, les couples doivent être bien outillés en vue d'affronter les nouveaux défis tels qu'un nouveau style de vie en commun ou lemoment de la naissance des enfants. Ils devraient pouvoir compter sur l'aide discrète, délicate et généreuse des couples qui ont une certaine expérience. Dans ce cas, à l'intérieur de la communauté ecclésiale, se réalisera un échange mutuel, fait de présence et d'entraide entre toutes les familles, chacune mettant au service de l'autre son expérience humaine, ainsi que les dons de la foi et de la grâce[96].

Ce qui caractérise la posture de l'accompagnement, c'est l'écoute de la réalité, des questions du temps, et la recherche de réponse selon le contexte qui est le contraire de la « théologie en chambre ».

Avec le constat déjà fait dans les pages précédentes, l'Église est en déficit d'incarnation et de catholicité, parfois loin de la réalité des personnes. Pour rejoindre les conjoints dans leur vie concrète, nous proposons une pastorale *réformée des couples* :

---

[95]*Familiarisconsortio, IIIème*, cité par François, *Amoris Laetitia*, n° 223.
[96]Cf. *Familiaris Consortio*, n° 69.

Au niveau structurel, que l'expression de la vie ecclésiale soit plus fidèle à l'Évangile et plus adaptée aux évolutions historiques. À ce niveau, il faut rendre possible une réforme sans provoquer de schisme. Cela suppose une conversion missionnaire, où l'Église regarde en face la réalité concrète de l'hommepour un renouveau pastoral, nous proposons :

- *Un cadre de sécurité dans chaque doyenné (structure)*

L'expérience de trois groupes exprime le besoin d'avoir un cadre de partage et des discussions sur la vie conjugale.

C'est pourquoi, nous encourageons les curés et les responsables des unités pastorales à créer des occasions qui stimulent les couples et les poussent à mettre sur pieds des groupes de rencontres pour les jeunes couples dans un premier temps et ensuite pour tous les couples. Ceci implique l'organisation d'un groupe comme cadre de sécurité, ayant pour objectif d'accompagner les couples en stimulant en eux le désir de vivre en couple heureux. Ce cadre sert de lieu où la parole se libère sans peur ni crainte. Le groupe peut, sans avoir le poids de la structure ecclésiale définir ses objectifs, sa mission avec un horaire de rencontre adapté à la réalité des couples concernés.

Ce cadre constitue un lieu de ressourcement pour les conjoints en vue de satisfaire leurs besoins émotionnels, sociaux, psychologiques et spirituels. Il devra offrir à chacun et aux couples des outils ouvoiesnécessaires pour construire le « mariage alliance ». Dallaire ne dit-il pas que « le bonheur conjugal est donc fait de bonheur personnel, du choix d'un partenaire compatible quoique imparfait, de la connaissance de soi et de l'autre en tant que personne unique sexuée, d'une prise de responsabilité totale de l'état du couple, de la capacité de contenir ses pulsions et de gérer ses émotions, de l'acquisition d'habiletés relationnelles efficaces et d'une excellente capacité de négociation à double gagnant. Lorsque tous ces ingrédients sont présents la vie amoureuse et la vie sexuelle sont resplendissantes »[97]. C'est pourquoi, nous invitons chaque paroisse ou UP à promouvoir ce cadre de sécurité pour les jeunes couples durant les premières années de leur mariage. L'initiative de la création du groupe peut naître des couples eux-mêmes ou du prêtre, mais en laissant une grande manœuvre aux couples d'y penser la structure, l'organisation et le choix des thèmes.

➤ *Cadre d'accompagnement spirituel*

Canoniquement, l'évêque comme ordinaire du lieu est le premier responsable de la pastorale familiale dans un diocèse. Il est aidé par les prêtres dont le travail constitue une partie essentielle du ministère de l'Église à l'égard du mariage et de la famille.[98]. Aujourd'hui cette tâche est aussi confiée aux laïcs.

La responsabilité des pasteurs ne se limite pas seulement aux questions liturgiques et spirituelles, mais aussi et surtout aux questions qui concernent la vie personnelle et sociale. Ils ont le devoir d'accompagner des jeunes couples dans les moments difficiles. C'est une grande mission qui demande un esprit de discernement, d'écoute et une préparation sérieuse aux entretiens.

La responsabilité incombe aux unités pastorales, non seulement de mettre sur pied une pastorale familiale spécifique, mais également de donner une formation adéquate aux prêtres, aux diacres, aux religieux / religieuses, aux catéchistes et à d'autres agents pastoraux, en vue de répondre aux défis actuels du couple et de la famille.

Celle formation est donc d'une grande importance pour ces agents pastoraux qui préparent et accompagnent les couples et familles dans leur cheminement conjugal.

---

[97] Y. DAILLAIRE, *Qui sont ces couples heureux ? Gérer les crises et les conflits du couple*, p. 290-291.
[98]Cf..*Familiaris consortio*, n° 73.

Pour concrétiser ce travail, il faut l'implication de nos UP. Les UP peuvent aussi désigner un prêtre accompagnateur, appelé en droit conseiller spirituel, tel que cela ressort du canon 324, § 2, libellé comme suit : « l'association privée des fidèles peut librement se choisir un conseiller spirituel, si elle le désire, parmi les prêtres exerçant légitimement le ministère dans le diocèse. Celui-ci a cependant besoin d'être confirmé par l'ordinaire du lieu ». Ce canon veut que l'initiative de la nomination officielle de l'aumônier vienne des responsables.

Nos UP devraient créer des espaces spirituels pour aider les familles à grandir dans la foi. Le pape François exhorte les pasteurs dans ce sens à « encourager la confession fréquente, la direction spirituelle, l'assistance à des retraites »[99].Le but de ces exercices est d'aider les conjoints à développer le temps de prière personnelle, entre conjoints et dans la famille.

Les expériences des trois groupes nous enseignent qu'on peut organiser le cadre d'accompagnement de plusieurs façons. Par exemple : l'unité pastorale peut organiser une formation biblique, une ou deux recollections par an uniquement pour les jeunes couples. On peut penser aussi à une recollection ou conférence par an pour tous les couples ainsi qu'une célébration annuelle pour la famille, parents et enfants. Il serait bien d'organiser une célébration une fois par an pour les couples allant des 20 à 50 ans et plus de mariage.

Les pasteurs de nos unités pastorales devraient aussi saisir toutes les opportunités telles que le baptême des enfants, la présence des jeunes couples au moment de mariages, aux moments de funérailles… pour les rapprocher et les inviter aux activités paroissiales. La paroisse peut aussi mettre un mécanisme de communication avec les couples et particulièrement pour les couples qui ne fréquentent plus la paroisse.

---

[99] François, *Amoris Laetitia*, n°227.

Dans le fonctionnement du groupe, il est souhaitable que les couples valorisent la vie spirituelle et donnent à leurs enfants une éducation chrétienne et l'amour de la prière, pour que les enfants développent une attitude d'intimité avec Dieu. Cela doit se faire par le témoignage de vie des parents. Ce témoignage vivant laisse toujours des traces ineffaçables et « une famille chrétienne est comme une Église domestique, dans laquelle parents et enfants apprennent à donner forme à l'Évangile, à l'incarner dans la vie concrète de chaque jour »[100].

➢ *Famille, Église domestique*

Dans ce point, nous allons développer la dimension spirituelle et relationnelle de la famille.

Famille, lieu d'épanouissement des valeurs chrétiennes

Il est souhaitable que la prière familiale soit faite en commun, les parents et les enfants ensemble. Le pape François l'explicite en disant : « Toutefois, il ne faut pas cesser d'inviter à créer des espaces hebdomadaires de prières familiales, car « la famille qui prie unie, demeure unie »[101]. Le pape encourage et exhorte les pasteurs, lors de leurs visites dans les familles, d'inviter ses membres à un moment de prière. Ce moment consiste à prier les uns pour les autres.

Cette prière est basée sur la vie de la famille, avec ses préoccupations : joies et peines, espoirs et tristesses, naissances et anniversaires, commémoration du mariage des parents, départs, absences et retours, choix importants et décisifs, la mort des êtres chers, etc…constituant les signes éloquents de la présence de Dieu dans les événements de la famille[102].

---

[100] Lettre pastorale des évêques de Belgique, 2017, n° 42.
[101] FRANÇOIS, *Amoris Laetitia*, n° 227.
[102] Cf. *Familiaris Consortio,* n° 59.

Vu les nombreux problèmesqui rongent nos foyers et familles dans l'environnement sociopolitique et économique actuel, la présence de Jésus-Christ et sa parole partagée peuvent être des appuis pour les couples. Le pape est les pères synodaux soulignent que : La Parole de Dieu est source de vie et de spiritualité pour la famille. Toute la pastorale familiale devra se laisser modeler intérieurement et former les membres de l'Église domestique grâce à la lecture orante et ecclésiale de l'Écriture Sainte. La Parole de Dieu n'est pas seulement une bonne nouvelle pour la vie privée des personnes mais c'est aussi un critère de jugement et une lumière pour le discernement des différents défis auxquels sont confrontés les époux et les familles[103].

Une famille qui met en son centre la Parole de Dieu et prie ensemble devient capable de vivre tous les événements familiaux avec le regard de Dieu.

Ainsi, le groupe peut encourager le couple à parler ensemble ; par exemple, en faisant un partage sur l'Écriture Sainte, une prédication suivie ensemble, un passage d'un livre chrétien, un film, un événement qui touche et invite à un changement, une question qui préoccupe la vie chrétienne. Le groupe peut initier les couples à prier ensemble : à se présenter devant Dieu en se tenant la main, à prier l'un pour l'autre et à se bénir, et à s'engager ensemble dans des activités de l'Église.

Un tel groupe d'accompagnement des couples qui exerce des conjoints à cette pratique spirituelle, peut amener les membres de la famille à la sainteté par l'écoute de la Parole de Dieu et la fréquentation des sacrements.

Ainsi, le groupe est considéré comme le lieu de recueillement, de prière, de ressourcement spirituel même pour ceux qui ne viennent pas à la messe.

Le confinementdû à la pandémie du covid-19 depuis mars 2020,vient de révéler combien la famille joue ce rôle d'Église domestique. Quand toutes les églises étaient fermées, le Christ s'est fait inviter dans les familles. Elles ont

---

[103] *Relation synodi* 2014, n°40, Cité par François dans *Amoris Laetitia*, n° 227.

découvert l'importance de cette prière en famille, de l'écoute de la parole de Dieu, de la participation à l'Eucharistie à la TV et sur You Tube. Elles ont eu soif d'être formées. Cette expérience peut être miseà profit par nos UP pour aider les couples et les familles à devenir et rester acteurs de leur foi.

On peut privilégier le contact etles relations entre couples habitant le même quartier ou entre des rues proches mêmes si elles ne se suivent pas, elles peuvent être perpendiculairespar exemple. Inventons ensemble quelque chose pour que les acquis du confinement soient rentabilisés pour le bien de nos Églises Domestiques et la gloire de Dieu.

Ce cadre spirituel, peut être un cadre idéal de recherche de sanctification et de promotion humaine de nos couples.

Famille, lieu privilégié de la promotion humaine

La famille est le lieu où se vivent différentes relations d'amour : l'amour conjugal, parental et fraternel. Parents et enfants, sont tous invités à grandir dans cet amour qui demande un certain apprentissage. Les parents ont donc un rôle important à jouer dans ce cycle d'apprentissage. Cela demande aux conjoints de témoigner de cet amour dans leur vie quotidienne.

C'est pourquoi, nos UP devraient organiser des événements réguliers et continus en vue de l'enrichissement conjugalafin de présenter les ingrédients fondamentaux du « mariage alliance ». Elles doivent susciter au sein de la paroisse des couples ayant des passions et des missions qui stimulent le changement dans la vie des couples de notre Église.

Le groupe peut organiser des réunions de 2 à 3 couples qui s'engagent à lire un sujet sur le mariage et à en discuter en vue d'un encouragement mutuel dans l'application des principes découverts.

Il peut stimuler le couple à assister à un événement consacré à l'enrichissement conjugal 1 à 2 fois par an tel que soirée de la Saint-Valentin, soirées pour les couples, ou encore, organiser des sessions avec des experts sur des thèmes qui touchent la réalité du couple ou de la famille (comment passer de l'amour passion vers l'amour véritable, la croissance personnelle et du couple, vie professionnelle des couples, l'argent, arrivée d'un enfant...), mais aussi, former des couples accompagnateurs pour suivre des séminaires et des conférences sur le mariage. Nos UP sont invitées à être attentives aux couples en difficultés en les aidants etenles encourageant à rencontrer un conseiller spirituel ou à suivre une formation sur le couple. En effet, selon Chapman, « chaque mariage sauvé en influence des dizaines d'autres »[104]. Dallaire souligne que « le bonheur conjugal renforce le système immunitaire »[105]. Ceci le pousse à dire que ce bonheur n'est pas seulement pour le couple mais aussi pour les enfants issus de ce couple heureux. Ils sont « moins exposés à la dépression, moins sujets à l'absentéisme scolaire, plus facilement acceptés par leurs pairs, souffrent moins de problème de comportement (agressivité, hyperactivité) et ont moins d'échecs scolaires »[106].

Les prêtres de nos UP, grâce au groupe d'accompagnement des couples, sont invités à s'engager à former des couples chrétiens aux aptitudes nécessaires pour vivre « un mariage - alliance » : la réussite des mariages chrétiens fera avancer la société et le Royaume de Dieu ici sur la terre.

Pour les cas qui dépasseraient la compétence du groupe, les accompagnateurs devraient orienter ces couples en difficultés vers d'autres instances spécialisées.

➢ *Recours aux laïcs spécialisés et concours des associations*

Le groupe doit garantir la promotion humaine et intégrale des couples et des familles par la formation et la sauvegarde des valeurs familiales chrétiennes

---

104 G. CHAPMAM, *Couple complices. Approches relationnelle et bibliques pour consolider son mariage*, p. 251.
105 Y. DAILLAIRE, *Qui sont ces couples heureux ? Gérer les crises et les conflits du couple*, p. 26.
106 Y. DAILLAIRE, *Qui sont ces couples heureux ? Gérer les crises et les conflits du couple*, p. 26.

et parentales, à travers des sessions, les formations, des conventions, des émissions.

Cette aide ordinaire n'exclut pas celle des gens spécialisés dans l'aide aux familles : médecins, psychologues, sociologues, éducateurs, assistants sociaux, conseillers, etc... ils sont là pour conseiller, éclairer, donner les orientations et les soutenir[107].

Dans la pastorale des familles, il faut valoriser les différentsgroupes, associations et mouvements qui se donnent pleinement à la pastorale familiale. Nous pouvons citer, par exemple, le travail du groupe d'accompagnement des couples de l'UPD qui s'inspire des outils des équipes Notre Dame.

Nous invitons les unités pastorales qui ont des groupes d'accompagnement de couples ou qui veulent en créer de s'appuyer aussi sur les mouvements et associations qui existent déjà et qui travaillent pour la promotion du couple et de la famille. Nous citons par exemple les associations et mouvements ci-après : Canal Welcom, Fondatio Couples, Équipe Tandem, Parcours Alpha, week-end Mariage Encounte, Boostcoupe, Bâtir sur le Roc...

Le Synode reconnaît leur utilité, avec leur spiritualité, leur formation, leur apostolat. Leur rôle sera de montrer aux chrétiens l'importance de la solidarité, de former les consciences à la lumière des valeurs chrétiennes, dans la charité mutuelle, avec un esprit ouvert qui fait des familles chrétiennes des lieux qui reflètent la lumière pour d'autres famillesen difficultés[108].

Il n'est pas exclu que les familles chrétiennes s'engagent même dans d'autres associations non ecclésiales : surtout les associations qui valorisent de vraies valeurs éthiques, culturelles, la protection médicale, juridique, la formation sociale de la maternité, la promotion de la femme, les pratiques qui

---

[107] Cf.*FamiliarisConsortio,* n° 75.
[108] Cf. *Familiaris Consortio*, n° 72.

favorisent la dignité de la personne et peuvent conseiller dans certaines difficultés liées à la régulation rationnelle et responsable de la fécondité.

Conclusion

Selon les Pères synodaux, les premières années du mariage sont une période très importante : c'est pendant cette période que les époux sont confrontés aux exigences du mariage. C'est pourquoi, il est important que ces couples soient accompagnés pastoralement[109]. Le consentement mutuel pour une union solide dans un amour indéfectible doit être soutenu par un accompagnement pastoral.

[109] François (Pape), *La joie de l'amour. Exhortation apostolique post-synodale sur l'amour dans la famille Amoris Laetitia,* Rome, 2016, n° 223.

CONCLUSION GENERALE

La pastorale familiale est confrontée aujourd'hui à des situations compliquées qui renvoient à des questions éthiques, théologiques, ecclésiologiques, psychologiques, communicationnelles, et spirituelles.

Partant de nos échanges avec les couples, nous pouvons dire que la société moderne traverse une profonde crise de la famille. Aujourd'hui, la plupart des couples sont confrontés à des difficultés et à une remise en question.

L'exemple des CFC, UPD et BA nous montre que pour la croissance du couple et de la famille, l'apport des autres est très important. Il est donc nécessaire de créer des structures d'accompagnement des couples dans nos différentes unités pastorales. Le mariage étant un long fleuve, mais pas tranquille, la vie en couple est donc un parcours qui demande une construction quotidienne et permanente. Ce travail de construction du couple vise le bonheur conjugal, et pour atteindre ce bonheur, cela implique la participation des conjoints eux-mêmes et de la communauté.

Si aujourd'hui certains couples selon les différents témoignages, continuent dans l'amour, l'harmonie et à croire au bonheur d'être ensemble, c'est parce qu'ils ont rencontré des personnes qui les aident et les accompagnent.

Aujourd'hui, il est de notre devoir de « valoriser les dons du mariage et de la famille », et en même temps « d'encourager chacun à être un signe de miséricorde et de proximité là où la vie familiale ne se réalise pas parfaitement »[110].

Bref, nous pouvons dire que le mariage est un don, et une grâce venant de Dieu, qui est à présenter comme un bien désirable et attractif. Dans cette

[110]FRANÇOIS,*AmorisLaetitia*, 2016, n° 5.

perspective, chaque famille devient un bien et un précieux don pour l'Église. Donc, l'Église est un bien pour la famille, la famille est un bien pour l'Église.

La pastorale familiale dans le monde actuel demande que les acteurs prennent en compte certains enjeux et s'adaptent aux questions de la société postmoderne.

BIBLIOGRAPHIE

Ouvrages

CHAPMAN Gary, *Couples complices. Approches relationnelles et biblique pour consolider son mariage,* Paris, Farel, 2005.

DALLAIRE Yvon, *Qui sont ces couples heureux ? Surmonter les crises et les conflits du couple*, Paris, Viamédias, 2006.

KASPER Walter, *l'Évangile de la famille*, Paris, Cerf, 2014.

WENIN André, *L'enseignement de l'Église sur la famille et le mariage honore-t-il la richesse et la complexité de la parole de Dieu*, Paris, Bayard.

Articles

WENIN André, *L'enseignement de l'Église sur la famille et le mariage honore-t-il la richesse et la complexité de la parole de Dieu* ? La réponse d'André Wénin, Paris, Bayard, 2015.

Documents de l'Église

BENOIT XVI, *Lettre encyclique, Deus caritas est*, Salvator/Fidélité, 2006.

Déclaration des évêques de Belgique sur AmorisLaetitia, Nouvelle série, 2017.

FRANÇOIS, *Exhortation apostolique post-synodale « Amoris Laetitia »*, Namur, Fidélité, 2016.

JEAN PAUL II, *FamiliarisConsortio*, 22 novembre 1981.

EAN PAUL II, *Lettre aux familles*, *Présentation par Georges Hourdin*, Cerf, Paris, 1994.

SYNODE DES EVEQUES, XIVème Assemblée générale ordinaire « *La vocation et la mission de la famille dans l'Église dans le monde contemporain* ». Rapport final du Synode des évêques au Pape François, Cité du Vatican 24 octobre 2015, N°56. WWW.Vatican-va Roma _curiasynod, document (consulté en ligne le 26Mai 2020)

Autre document

COMMUNAUTE FAMILLE CHRETIENNE. *Textes de gouvernement, d'orientation, d'information et de pastorale pour la communauté famille chrétienne*. Volume, Kinshasa, 2012.

Table des matières

Printed by Books on Demand GmbH, Norderstedt / Germany